Anna-Luise Gerbaulet

Meine **3.+4. Klasse** *organisieren*

Über 50 Ideen, Vorlagen und Checklisten

Cornelsen

Die Autorin des Bandes:

Anna-Luise Gerbaulet studierte das Fach Englisch und die Lernbereiche Deutsch und Sachunterricht an der Universität Potsdam. Sie ist Lehrerin an der Grunewald-Grundschule in Berlin-Wilmersdorf. Interessen- und Arbeitsschwerpunkte ihrer Arbeit sind der offene Unterricht, kooperative Lernmethoden und der jahrgangsübergreifende Unterricht.

Für meine Freundin und Kollegin Angelika Siegmund. Viele dieser Ideen und Methoden hat sie entwickelt und mit mir geteilt.

Projektleitung: Franziska Wittwer, Berlin
Redaktion: Birte Meyer, Berlin
Umschlagkonzeption/-gestaltung: Ungermeyer, Berlin
Umschlagillustrationen: Ungermeyer, grafische Angelegenheiten
Illustration: Bianka Leonhardt, Ahrensburg
Layout / technische Umsetzung: LemmeDESIGN, Berlin

www.cornelsen.de

1. Auflage 2015

Druck: DBM Druckhaus Berlin-Mitte GmbH

978-3-589-03925-8

Inhalt gedruckt auf säurefreiem Papier
aus nachhaltiger Forstwirtschaft.

Inhalt

Vorwort

Aller Anfang ist schwer. Es scheint, als wäre es gestern gewesen: die erste eigene dritte Klasse, der erste eigene Klassenraum, das erste Mal „richtiges" Mitglied eines Kollegiums, viele erste Fragen und wenig Antworten. Ich hatte keine Ahnung, was mich erwartet! Gerade das Referendariat beendet, ging ich mit einer positiven und motivierten Einstellung dem ersten Schultag entgegen – wohlwissend, dass nun ein neuer Lebensabschnitt auf mich zukommen würde. Doch was könnte mich schon erschüttern? Ich hatte eine sehr gute Prüfung abgelegt, das Planen von Unterricht und das Unterrichten selbst machten mir große Freude, und den Klassenraum hatte ich die Sommerferien über eingerichtet. Dass diese Dinge eher nebensächlich sind und es dagegen die größte Aufgabe eines Klassenlehrers ist, seine Klasse zu organisieren und zu erziehen, war mir zu diesem Zeitpunkt und in dem Ausmaß nicht bewusst. Plötzlich war ich als Klassenlehrerin Ansprechpartnerin für Schulleitung, Fachlehrer, Eltern und Schüler. Die Verantwortung für 25 Kinder zu übernehmen, die alle von Grund auf verschieden waren, und all ihren Besonderheiten gerecht zu werden, schien mir schier unmöglich.
Wie sollte darüber hinaus der Spagat zwischen Berufsleben und Freizeit gelingen? Wie sollte ich Familie, Freunde, Sport und Konferenzen unter einen Hut bekommen? Ich hatte mich gut vorbereitet gefühlt – aber das schien nun nicht auszureichen.

Wenn Sie mich fragen, ist Klassenlehrer zu sein keine leichte Aufgabe für jemanden, der gerade erst in den Beruf einsteigt. Natürlich gibt es zahlreiche Kollegen, die einen in der Not unterstützen und Fragen beantworten – aber zu Schuljahresbeginn haben sie selbst viel zu tun.
Zum Glück brachten mir damals freudestrahlende Kinderaugen und zufriedene Eltern umgehend die Freude am Lehrerberuf zurück.

Ziemlich schnell wurde mir damals klar, dass eine Lehrkraft ein Einzelkämpfer ist. In dieser Situation hätte ich mir einen Ratgeber oder ein Buch gewünscht, das mich an die Hand nimmt und durch gewisse schulinterne und alltägliche Abläufe führt. Das hätte meiner anfänglichen Euphorie und Motivation einen längeren Atem gegeben und mir so manche schlaflose Nacht erspart. In diesem Sinne hält dieser Band eine Sammlung praktischer Hinweise und kreativer Ideen für die Organisation Ihrer dritten und vierten Klasse bereit. Er ist in fünf größere Abschnitte gegliedert. Zunächst geht es um die Vorbereitung auf eine neue Klasse. Nachdem ich einen kurzen Überblick zur kindlichen Entwicklung in den Klassen 3 und 4 gegeben habe, rücke ich verschiedene Fragen in den Mittelpunkt: Wie stelle ich mich als neue Lehrkraft bei den neuen Schülern und Eltern vor? Wie beschaffe ich mir Informationen über diese? Wie organisiere ich ein erstes Kennenlerntreffen? Wie bewältige ich das umfangreiche neue Material? Wie richte ich den Klassenraum ein?
Ferner geht es darum, die erste Zeit mit den Schülern und Eltern gekonnt zu meistern. Dazu werden Punkte wie das direkte Kennenlernen der Schüler am ersten Schultag, das Erstellen von Sitzplänen, die Übernahme von Diensten, das Einführen von Ritualen und die Elternarbeit näher beleuchtet.
Schließlich lege ich das Augenmerk verstärkt auf organisatorische Besonderheiten einer Klasse: Wie funktioniert eine Klassengemeinschaft? Wie führe ich die Schüler an das selbstständige Arbeiten heran? Welche Bedeutung haben Pausen? Wie bewerte ich die Leistungen der Schüler?
Anschließend gehe ich auf die Heterogenität der Klassen und die damit einhergehende innere Differenzierung ein. Hier werden verschiedene alltagstaugliche Differenzierungsmethoden beschrieben. Dabei liegt der Schwerpunkt auf der Differenzierung nach Zusatzaufgaben, Schwierigkeitsniveaus, Hilfsmitteln, Umfang und Arbeitstempo.

Abschließend stelle ich verschiedene Ideen zur Belohnung, Disziplinierung und Rückmeldung vor.
In allen Kapiteln steht die Praxis an erster Stelle. Theoretische Beispiele werden mit praktischen und kreativen Vorschlägen für den Alltag gestützt. Durch eine detaillierte Beschreibung sind die Methoden sofort im Unterricht einsetzbar. Viele der Organisationsformen erfordern am Anfang Kraft, Zeit und intensive Vorbereitung. Später zahlt sich der geleistete Einsatz aus und Sie spüren die Entlastung.

Die in diesem Buch dargestellten Vorschläge sind weder als vollständige Liste noch als verpflichtendes Repertoire zu begreifen. Die Ideen müssen keinesfalls komplett für Ihren Unterricht übernommen werden. Auch einzelne Vorschläge können Ihre Klasse und deren Organisation bereichern.
Die folgenden Tipps und Anregungen sind insbesondere für Berufsanfänger gedacht. Meist sind junge Kollegen, die die erste eigene Klasse übernehmen, mit der Planung von Unterricht und weiteren schulinternen Aktivitäten beschäftigt, so dass wenig Zeit bleibt, die eigene Klasse tatsächlich zu organisieren. Aber auch erfahrenere Kollegen können die Vorschläge möglicherweise als Fundus für Veränderung oder Neuerung verstehen. Manchmal reicht ein vager Impuls schon zum Weiterdenken und Überdenken aus.

Achten Sie darauf, dass gesetzlich verankerte Regelungen (wie beispielsweise die Vorgehensweise bei der Leistungsbewertung oder die Organisation von Klassenfahrten) in den einzelnen Bundesländern variieren können. Informieren Sie sich in solch einem Fall vorab im Schulgesetz Ihres Landes.

Wenn Sie den Grund für Ihre Berufswahl – nämlich die Arbeit mit Kindern – sowie die Freude und Motivation an deren Entwicklung teilzuhaben nicht aus den Augen verlieren, lassen sich stressige Phasen oder bürokratische Abläufe besser meistern. Vergessen Sie nicht, dass Sie einen der wichtigsten und prägendsten Jobs gewählt haben, den es gibt.

Anna-Luise Gerbaulet

Sie können die Kopiervorlagen und Materialien aus dem Internet herunterladen. Gehen Sie dafür auf unsere Webseite www.cornelsen.de und folgen Sie dem Pfad: **Allgemeinbildende Schulen → Lehrkräfte → Unterrichtshilfen.** Unter **Unterrichtshilfen Pädagogik** finden Sie den Downloadbereich für Ihre Vorlagen.

P.S.: Aus Gründen der besseren Lesbarkeit wird in diesem Buch im Folgenden durchgehend die männliche grammatische Form verwendet. Natürlich sind damit auch immer Frauen und Mädchen gemeint, also Lehrerinnen, Schülerinnen usw.

1 Vorbereitung ist alles!

Die Devise lautet, was langfristig vorbereitet und durchdacht ist, kann einem später nicht mehr auf die Füße fallen. Die freie Zeit in den Ferien sollte (neben der Erholung) dafür genutzt werden, langfristige Planungen für den Unterricht anzulegen und den Klassenraum für die Schüler vorzubereiten. Hat das Schuljahr erst begonnen, bewältigt man gerade so das alltägliche Geschäft mit Elterngesprächen, Konferenzen, Festen, Arbeitsgemeinschaften und Klassenlehrertätigkeiten. Für detaillierte und fundierte Unterrichtsvorbereitungen, Klassenraumeinrichtungen und Zusatzmaterial fehlt meist die Zeit. Was im Vorhinein durchdacht und zurechtgelegt wurde, kann nun zum Einsatz kommen.
Natürlich ist es zunächst sinnvoll, sich ein Bild über die Kinder zu machen, mit denen man es in nächster Zeit zu tun hat. Dazu gehört es, sich mit deren Entwicklung auf intellektueller und emotionaler Ebene sowie ihren Interessen auseinanderzusetzen. Persönliche Gespräche oder Einsicht in die Schülerakte können hier helfen. Die gewonnenen Kenntnisse sollten in die Unterrichtsplanung einfließen – sie können manchen Entscheidungsfindungsprozess erleichtern.

1.1 Entwicklungsstand der Kinder in der dritten und vierten Klasse

Mit der Schule kommt auf alle Kinder ein neues Umfeld zu. Es gilt, sich mit diesem auseinanderzusetzen und zu arrangieren. Neue leistungsbezogene und soziale Herausforderungen sind zu meistern und Interaktionsformen kennenzulernen. Die Schule prägt die Kinder in ihrer Entwicklung: Einige kommen in der Schule gut zurecht, andere zeigen Schwierigkeiten.
Auf einmal wird von den Kindern eine gewisse Selbstständigkeit, Bereitschaft zum Lernen, Struktur und Planung erwartet (vgl. Sander 2004). Freundschaften und Beziehungen zu Gleichaltrigen gewinnen an Bedeutung.
Des Weiteren entwickeln die Kinder einen ausgeprägten Sinn für Leistung und Wettbewerb. Oft suchen sie geradezu den Vergleich hinsichtlich Leistungen, Aussehen, Begabungen usw. Zwischen Jungen und Mädchen tut sich dabei eine weite Kluft auf. Bis zur Vorpubertät spielen Mädchen eher mit Mädchen und empfinden Jungen als angriffslustige Raufbolde. Umgekehrt betiteln Jungen Mädchen als Zicken und beschreiben sie als sensibel. Gerade bei Nichtachtung oder Ablehnung lässt sich beobachten, dass Jungen eher aggressiv reagieren, während sich Mädchen zurückziehen. Diese gewisse Abneigung gegenüber dem anderen Geschlecht ist deutlich innerhalb der Klasse, z. B. bei Partnerarbeiten oder -wahlen, zu spüren. Sie wird zusätzlich durch die Tatsache verstärkt, dass der Vergleich mit dem gleichen Geschlecht eher die Gemeinsamkeiten betont und der Vergleich mit dem anderen Geschlecht die Unterschiede hervorhebt (vgl. Oerter/Montada 1998, S. 249–309).
In der dritten und vierten Klasse befinden sich die Kinder in einer Phase zwischen Leistung und Minderwertigkeit (vgl. Kasten [o. J.]). Die Schüler entwickeln den immer stärkeren Drang, mitmachen, teilnehmen und beobachten zu wollen. Teilhabe und Mitwirkung an der Welt der Erwachsenen sind ihr Ziel. Außerdem wollen sie Leistung erbringen und etwas Gutes tun. Demgegenüber steht das Gefühl von Minderwertigkeit und Unzulänglichkeit. Dies entsteht häufig dann, wenn die Leistung überstrapaziert oder überschätzt wird. Misserfolge und Druck lösen in diesem Fall negative Gefühle aus.

Genauso wie der Übergang vom Kindergarten in die erste Klasse, erweist sich oft der Übergang von der zweiten in die dritte Klasse als Hürde. Die Schüler kommen aus der

vergleichsweise behüteten Schulanfangsphase in die dritte Klasse. Hier werden gegebenenfalls Noten verteilt, Klassenarbeiten geschrieben, Klassen neu zusammengelegt, neue Klassen- und Fachlehrer eingesetzt und neue Fächer hinzugefügt. Anfangs erleichtert die kindliche Neugier das Lernen – mit steigendem Schwierigkeitsniveau muss auch mehr gearbeitet werden, ansonsten ist ein Abfall der Leistungen vorprogrammiert.
Es gibt also vieles, an das sich die Schüler gewöhnen müssen. Hieran sieht man, dass die Schüler an der Schule eben auch als solche verstanden werden – ungeachtet der Tatsache, ob sie die erste, vierte oder neunte Klasse besuchen: Sie müssen in allen Klassenstufen von außen herangetragene Aufgaben bewältigen. Die Schüler übernehmen Rollen und setzen sich mit den Beziehungen zwischen Gleichaltrigen auseinander. Darüber hinaus identifizieren sie sich innerhalb einer Gruppe und entwickeln Freundschaften. Das heißt, dass sich die soziale Kompetenz der Schüler in der Entwicklung befindet. Neben der Ausbildung von fachspezifischen Kompetenzen gewinnt die Entwicklung von Fleiß und Tüchtigkeit an Bedeutung. Mit wachsendem Alter wird von den Schülern erwartet, dass sich in ihrem Selbstbild ein neuer Bereich ausbildet: die Selbsteinschätzung schulischer Leistungen. Während Erst- und Zweitklässler sich in Bezug auf ihre Leistungen oft überschätzen, liegen Dritt- und Viertklässler bei der Selbsteinschätzung eher richtig bzw. sehen ihre Leistungen meist sehr kritisch.
Behält man diese enormen Entwicklungssprünge und hohen Anforderungen an die Schüler bei der Organisation seiner Klasse und Planung seines Unterrichts im Hinterkopf, wird einem ziemlich schnell klar, dass man sensibel vorgehen sollte. Jedes Kind entwickelt sich unterschiedlich und kommt mit Faktoren wie Beliebtheit, Unbeliebtheit, Druck, Gelassenheit, Erfolg und Misserfolg unterschiedlich gut zurecht. Als Lehrkraft muss einem bewusst sein, dass man nicht jedem individuellen Entwicklungsverlauf gerecht werden kann. Aber man kann Abläufe anpassen und Verständnis aufbringen.

1.2 Schüler und Eltern kennenlernen

Vorstellung bei den neuen Schülern und Eltern

Das A und O eines stressfreien Starts in ein neues Schuljahr mit einer neuen Klasse ist, dass man weiß, was und vor allem wer einen erwartet. Dies ermöglicht einen persönlicheren und reibungsloseren ersten Schultag. Weder Sie als Lehrkraft noch die Schüler müssen so etwaige Überraschungen befürchten und empfinden den ohnehin schon aufregenden ersten Tag als wesentlich angenehmer. Meist wissen auch die Eltern gern vorzeitig, wer die neue Klassenleitung übernimmt.
Sich bei den neuen Schülern und Eltern vorzustellen, fällt natürlich wesentlich leichter, wenn man bereits an der Schule gearbeitet hat und die Klasse übergeben bekommt. Die nachfolgenden Vorschläge zum Kennenlernen der neuen Klasse bieten sich auch dann an, wenn Sie neu an einer Schule beginnen.

Die Kinder freuen sich mit Sicherheit über einen **persönlichen Brief** in oder vor den Sommerferien, in dem sie persönlich angesprochen werden und Sie sich kurz vorstellen. Dieses Schreiben muss nicht an jedes Kind individuell formuliert werden. Ein handschriftlich verfasster Brief mit persönlicher Note und einem Foto von Ihnen reicht hier vollkommen aus. Dieser kann beispielsweise auf farbiges Papier kopiert werden. Nur der Name des jeweiligen Schülers wird individuell ergänzt. Die meisten Kinder lieben es, private Informationen über ihre Lehrkräfte – insbesondere über den Klassenlehrer – zu erfahren (Sind Sie verheiratet? Haben Sie Kinder? Wo waren Sie im Urlaub? Was mögen Sie? Welche Hobbys haben Sie?). Äußern Sie auch, dass Sie sich auf die Kinder und die neue Klasse freuen und vielleicht auch, was die Kinder am ersten Tag erwartet. Außerdem lässt sich dieser Brief wunderbar nutzen, um ein paar Worte an die Eltern zu richten und gegebenenfalls eine Materialliste beizufügen. Vielleicht möchten Sie, dass die Kinder für die erste Schulwoche etwas aus den Ferien mitbringen (Postkarte, Fotos, Andenken usw.) – auch das kann in diesem Brief mitgeteilt werden.

Materialliste

KV 1

Materialliste KV 1

Klasse _______

Materialliste

- Federtasche
  (inkl. Buntstifte, Filzstifte, Radiergummi, Lineal, Anspitzer, Füller mit blauer Patrone)
- Turnbeutel mit Sportkleidung
  (Schwimmsachen ⇨ Badeanzug, Handtuch, Waschzeug usw.)
- Hefter
  – 2 × grün (je mit einer Klarsichthülle)

Eine weitere, weniger aufwändige Variante wäre es, einen persönlichen **Steckbrief** zu entwerfen. Einige wichtige Informationen zur eigenen Person und ein Foto auf einem farbigen Tonkarton, reichen hier schon aus. Dieser Steckbrief kann kurz vor den Sommerferien an der Klassentür des alten Klassenraumes angebracht werden und steht den Kindern und Eltern so bereits vor den Sommerferien zur Verfügung.

Als etwas zeitintensivere Kennenlernmethode bieten sich die **nullte Stunde** oder der **nullte Elternabend** an. Organisieren Sie mit dem derzeitigen Klassenlehrer eine Schulstunde, in der Sie in Ihre neue Klasse gehen und sich den Kindern vorstellen. Hier gibt es verschiedene Methoden, um sich spielerisch näherzukommen und das Eis zu brechen. Es bieten sich die „Bildpizza“ oder „Strippenwirrwarr“ (siehe „Kennenlernen und Beschnuppern“, S. 19) an.

Kommen Sie mit den Kindern in einem Stuhl- oder Sitzkreis zusammen und führen Sie beispielsweise eine Erzählrunde mit der Methode „Freudenblume und Sorgenstein“ durch (siehe „Morgenkreis“, S. 68 f.). Erzählen Sie den Kindern schon einmal, was im nächsten Schuljahr auf sie zukommt, welche Fächer vielleicht neu sind und welche Lehrkräfte sie erwarten. Besuchen Sie eventuell gemeinsam den neuen Klassenraum, so dass die Schüler wissen, wo sie am ersten Schultag nach den Sommerferien erscheinen müssen.

Sich den Kindern persönlich vorzustellen, impliziert natürlich, sich auch der Elternschaft zu präsentieren. In diesem Fall ist es sinnvoll, einen nullten Elternabend noch vor den Sommerferien einzuberufen. Laden Sie die Eltern in den neuen Klassenraum ein und nutzen Sie die Zeit, die Eltern ein wenig kennenzulernen und Organisatorisches zu klären (siehe „Elternabende“, S. 42–46).

Schüler- und Elternhospitationen anbieten

Um einen alltäglichen Einblick in Ihre Unterrichtsarbeit und den Umgang mit der Klasse zu gewähren, bietet sich ein „Tag der offenen Tür“ an. Schüler sowie Eltern haben die Möglichkeit, Ihrem Unterricht beizuwohnen und Sie und Ihre Art des Unterrichtens besser kennenzulernen. Für Sie als Lehrkraft ist es relativ einfach, solch einen Tag zu planen und durchzuführen. Melden Sie bei der Schulleitung einen Tag Klassenlehrerunterricht an, so dass Sie jederzeit in Ihrer Klasse anzutreffen sind. Laden Sie die betreffenden Eltern und Schüler mithilfe eines kurzen Informationsschreibens zu Ihrem Tag der offenen Tür ein. Koordinieren Sie die Besucher, damit nicht alle zur gleichen Zeit zum Hospitieren erscheinen. Führen Sie Ihren Unterricht ganz regulär durch. Niemandem nützt es, wenn Sie sich in den Hospitationsstunden verstellen oder Unterrichtsformen zeigen, die Sie am Ende nie durchführen. Eltern und Schüler wollen Sie authentisch in Ihrer alltäglichen Arbeit erleben, beobachten und kennenlernen. Ansonsten wirkt die Situati-

on unnatürlich und konstruiert. Sie können einige Schüler Ihrer derzeitigen Klasse darum bitten, den neuen Schülern zu zeigen, wo sich welches Material befindet oder sie in die unterrichtliche Tätigkeit einbinden.
Auf Seiten der Eltern und Schüler ist eine solche Hospitation wahrscheinlich etwas schwieriger zu organisieren, da diese nur vormittags während des Schultages stattfinden kann. Das bedeutet, dass sich berufstätige Eltern für eine Unterrichtshospitation frei nehmen müssen. Die Schüler müssen aus ihrem Regelunterricht „ausgeplant“ werden, was in Absprache mit der derzeitigen Lehrkraft aber sicher für eine Stunde möglich ist.
Darüber hinaus wäre es auch denkbar, kleinere Schülergruppen Ihrer neuen Klasse in Ihre derzeitige Klasse einzuladen. Die Kinder Ihrer derzeitigen Klasse können die Schüler im Raum herumführen und Fragen beantworten. So haben Sie Zeit, sich Einzelnen zu widmen und sich einen ersten Eindruck von den Kindern Ihrer neuen Klasse zu verschaffen.

Kennenlerntag organisieren

Ein Kennenlerntag ist eine optimale Gelegenheit, sowohl Schüler als auch Eltern an einem gemeinsamen Termin zu treffen.
Laden Sie Ihre neuen Schützlinge samt Eltern zu einem nachmittäglichen Treffen in den neuen Klassenraum ein. Bitten Sie jede Familie um einen kulinarischen Buffetbeitrag. Hängen Sie dazu eine Buffetliste aus, in die sich die Eltern für vorgegebene Speisen eintragen können oder teilen Sie Buffetbeiträge zu. So vermeiden Sie, dass etwas doppelt und dreifach mitgebracht wird.
Stellen Sie sich den Schülern und Eltern mit ein paar persönlichen Worten vor und führen Sie die Schüler durch den Raum. Als erste klassen- und teambildende Maßnahme können die Kinder etwas gemeinsam erstellen. Jedes Kind kann z. B. ein Puzzleteil gestalten und dieses mit seinem Namen und Geburtsdatum versehen. Alle Puzzleteile auf einen Tonpapierbogen geklebt, bilden ein großes Klassenpuzzle, das gleichzeitig als Geburtstagskalender für das kommende Schuljahr dienen kann. Darüber hinaus können die Kinder Steckbriefe erstellen, welche gebündelt ein Klassenpoesiealbum ergeben.
Überfrachten Sie diesen Nachmittag jedoch nicht mit zu vielen Aktivitäten. Vorrangig soll das Treffen dazu da sein, sich mit Schülern und Eltern bekannt zu machen. Lassen Sie ausreichend Zeit, um auch den Eltern Frage und Antwort stehen zu können. Teilen Sie, wenn Sie sie nicht schon verschickt haben, am Ende eine Materialliste und/oder Bücherliste aus, damit die Eltern sich frühzeitig darum kümmern können.

1.3 Informationen über die Schüler einholen

Holen Sie zur weiteren Vorbereitung während der Sommerferien die vollständigen Namen, Geburtsdaten, Adressen der Schüler und gegebenenfalls auch die E-Mail-Adressen der Eltern im Sekretariat oder bei der derzeitigen Klassenleitung ein. Konzentrieren Sie sich zunächst auf die Informationssuche innerhalb der Schule. **Schülerbögen** und eventuell **sonderpädagogische Förderbögen** geben ausreichend Aufschluss über Ihre neuen Schüler. Kümmern Sie sich frühzeitig um eine Einsicht in die Unterlagen und machen Sie sich Notizen über Auffälligkeiten und Besonderheiten.
Die umfangreichsten Informationen erhalten Sie meist im Gespräch mit der derzeitigen Klassenleitung. Dazu empfiehlt es sich, ein **Übergabegespräch** zu vereinbaren, im Rahmen dessen Sie ausreichend Zeit haben, im geschützten Raum über Schüler mit besonderen Fähigkeiten, Talenten, Schwierigkeiten, Verhaltensauffälligkeiten sowie über die allgemeine Klassensituation zu sprechen. So können Sie bereits frühzeitig abschätzen, ob Sie irgendwelche Besonderheiten erwarten bzw. ob Sie einigen Schülern besonderes Lernmaterial bereitstellen müssen.

Übergabeprotokoll

Übergabeprotokoll **KV 2**

Wann?

Wo?

Wer?

Warum?

klasseninterne Besonderheiten:

KV 2

Nach der Einsicht in die Schülerbögen und einem Übergabegespräch können Sie in der Regel selbst abschätzen, ob es sinnvoll ist, bereits vor der Übernahme der Klasse einige **Elterngespräche** zu führen. Dies wird Sie in den ersten Schulwochen nach den Sommerferien entlasten und gibt auch den Eltern besonderer (mit besonderen Eigenschaften/Talenten/Schwierigkeiten) oder „verzauberter" Kinder (mit sonderpädagogischem Förderbedarf) Sicherheit. Oftmals verspüren Eltern problematischer Kinder den Drang, ihre Kinder im Vorhinein schon „zu entschuldigen" bzw. den ersten Eindruck positiv zu beeinflussen.
Natürlich ist es auch ratsam, erste Informationen von den Kindern selbst einzuholen. Lassen Sie die Kinder ein **Ich-Plakat** erstellen oder einen Brief an Sie schreiben, in dem sie sich selbst vorstellen sollen. Diese Aufgabe kann entweder von den Schülern bereits in den Sommerferien zu Hause erledigt und anschließend mit in die Schule gebracht werden oder die ersten gemeinsamen Stunden nach den Sommerferien füllen.
Um diese wichtigen Informationen zu verwalten, bietet es sich an, einen Ordner mit einer Registratur anzulegen und dort wichtige und interessante Informationen über die einzelnen Schüler zu sammeln und zu dokumentieren, um sie für Sie selbst leicht zugänglich zu halten.
Entscheiden Sie selbst, ob Sie Ihren neuen Schülern unvoreingenommen begegnen oder ob Sie sich vorab für einen leichteren Schulstart bereits mit gewissen Informationen vertraut machen möchten.

1.4 Materialflut zu Beginn des Schuljahres

Jedes Schuljahr bringt viel neues Material mit sich. Es ist sowohl für Sie als auch für die Schüler in den ersten Schultagen oft schwer, dieses zu bewältigen. Auch hier ist Vorbereitung essenziell.
Wie gesagt, geben Sie rechtzeitig (möglichst vor Beginn der Sommerferien) eine Materialliste und eine Bücherliste heraus (siehe S. 8 f.), so dass das Material zum Schulanfang vorliegt und Sie direkt durchstarten können.
Lassen Sie alle Materialien mit den Namen der Kinder beschriften. Darüber hinaus sollten Sie eine Position festlegen, an der z. B. Hefte beschriftet werden sollen. Dies erleichtert das spätere Suchen nach bestimmten Heften bzw. das Austeilen dieser.
Bei einigen Heften oder Materialien lohnt es sich, die Anschaffung selbst im Rahmen der Klassenkasse zu übernehmen. Dies garantiert, dass alle Schüler das gleiche Exemplar haben. Wenn nötig, können Sie diese dann selbst beschriften.
Zur besseren Orientierung sollten Sie die Materialien gemeinsam mit den Kindern sortieren und besprechen (siehe „Wo ist was? Einrichten und den Raum erkunden", S. 25 f.).

Jedes Kind sollte einen Stehordner für die Bücher, einen Ablagekorb für Hefte und Hefter und ein Fach für die Kunstmaterialien haben. Sollten keine Kunstfächer (z. B. Schubladen) in Ihrem Klassenraum zur Verfügung stehen, können Schuhkartons oder Schubladenelemente Abhilfe schaffen.

Je nach eigenem ästhetischen Empfinden bietet es sich an, einmalig einen Satz gleicher Stehordner und Ablagekörbe anzuschaffen. Versehen Sie diese mit den Namen der Schüler oder einem stellvertretenden Symbol und stellen Sie sie den Kindern für das Schuljahr bereit. Legen Sie weniger Wert auf Einheitlichkeit, können Sie auch jedes Kind eigene Stehordner und Ablagekörbe mitbringen lassen. Aus meiner Sicht eignen sich Stehordner und Ablagekörbe aus Hartplastik am besten. Diese sind sehr robust und lassen sich gut sauber halten, während andere aus Pappe einen hohen Verschleiß aufweisen.

Um den Kindern – gerade zu Beginn des neuen Schuljahres – eine bessere Orientierung zu ermöglichen, bieten sich Hinweisschilder an. Kleben Sie ein Schild mit der Aufschrift „Bücher und Arbeitshefte“ neben die Stehordner, so dass die Kinder sich immer wieder rückversichern können, was an diesem Ort aufbewahrt wird. Verfahren Sie mit den Ablagekörben und den Kunstfächern genauso. Auch hilft den Kindern eine kleine Farblegende an der Tafel oder auf einer Magnetwand dabei sich zu erinnern, welche Hefterfarbe für welches Fach gedacht ist.

Achten Sie besonders am Anfang darauf, dass die Ordnung dieses Materialsystems von den Schülern eingehalten wird. Weisen Sie sie beharrlich darauf hin, wo welches Material aufzubewahren ist und dass Arbeitsblätter korrekt abgeheftet werden müssen. Machen Sie den Schülern deutlich, dass unter dem Tisch weder der richtige Platz für Materialien noch für Abfälle oder Loseblattsammlungen ist. Verfahren Sie hier konsequent, ist die Ordnung irgendwann für alle Schüler eine Selbstverständlichkeit.

Es ist sinnvoll, sich von den Eltern in jedem Hefter eine eingeheftete Klarsichtfolie für Material zu wünschen, das nicht gelocht werden kann (z. B. für Minibücher oder Falthefte).

Auch ist es ratsam, einen kleinen Materialverbrauchsschrank einzurichten, um einigen Kindern eventuell auszuhelfen, wenn ihnen ein Heft oder ein Umschlag fehlt. Achten Sie darauf, dass die Schüler ausgelegte Materialien ersetzen, ansonsten schwindet der Vorrat schnell.

Fehlt den Kindern im Laufe des Schuljahres Material, geben Sie ihnen die Materialliste mit, in der Sie das fehlende Material ankreuzen. Senden Sie den Zettel über die Postmappe mit nach Hause. Dies verhindert, dass die Kinder vergessen, dass ihnen etwas fehlt. Mit der Zeit kann dieses Vorgehen so weit ritualisiert werden, dass die Kinder sich die Ankreuzliste selbst von einem vereinbarten Ort nehmen und markieren, wenn ihnen etwas fehlt.

Fehlendes Material: Checkliste

KV 3

Fehlendes Material: Checkliste — KV 3

Name: ______________________

Mir fehlt folgendes Material:

	Hefter
	Schreibheft (Lineatur 3, DIN A4)
	Geschichtenheft (Lineatur 3G, DIN A4)
	Heftumschlag A4 ______________
	Blankoheft (Nr. 20 von Brunnen, DIN A4)
	Postmappe
	Tuschkasten (inkl. Deckweiß)
	Wachsmalstifte

1.5 Atmosphäre schaffen – den Klassenraum einrichten

Wir alle wissen, dass es sich in einer wohltuenden Umgebung besser arbeiten und lernen lässt, als in Unordnung und mit einem Gefühl des Unwohlseins. So geht es den Schülern auch. Das Lernen fällt ihnen leichter, wenn sie sich in einem Raum wohlfühlen, sich in diesem wiederfinden (durch Beschriftungen oder eine Präsentation ihrer Arbeiten) und sich mit ihm identifizieren.
Alles sollte seinen Platz haben. Ein aufgeräumter Klassenraum gibt den Schülern Struktur, Orientierung und Halt. Auch Sie können durch einen gut eingerichteten Klassenraum entlastet werden: Schmier- oder Linienpapier muss beispielsweise nicht durch Sie herausgegeben werden, sondern die Kinder sollten wissen, wo sie welches finden und sich selbstständig bedienen dürfen.

Möbel im Klassenraum

Einen Klassenraum bekommt man als Lehrkraft meist recht „nackt" übergeben: Schülertische und -stühle, ein Lehrertisch und -stuhl, ein Klassenschrank und vielleicht noch ein Regal.
Ich kann Ihnen nur raten, so viel Ablagefläche wie möglich zu schaffen:

- günstige Regale aus dem Internet (oft zu verschenken)
- Möbelspenden (z. B. von Eltern)
- flache Bänke oder Couchtische für „tote" Flächen (z. B. unter der Tafel)
- Fensterbänke (einige Fenster zum Lüften frei halten!)

Außerdem ist es sinnvoll, dass es ein paar mehr Arbeitsplätze im Raum gibt, als Schüler in der Klasse sind. Manchmal arbeitet ein Kind besser isoliert oder muss einen Test nachschreiben – an so einem Arbeitsplatz findet es dann die nötige Ruhe.
Positionieren Sie Ihren Lehrertisch an einer Stelle, von wo aus Sie alle Kinder gut im Blick haben. Ich bin der Ansicht, dass ein Lehrertisch nicht das Zentrum eines Klassenraumes ausmachen sollte, da er unweigerlich eine Barriere zwischen Ihnen und den Kindern darstellt. Den Lehrertisch an die Seite des Klassenraumes gerückt und einen kleinen flachen Tisch in die Mitte vor die Tafel für Sie als Ablage platziert: Diese Anordnung schafft Verbindlichkeit und Offenheit (siehe „Sitzpläne sinnvoll erstellen", S. 23–25).

Hilfreiche Extras

Gerade in den Phasen des offenen Unterrichts bieten sich Standortwechsel und unterschiedliche Präsentationsformen an, um den Unterricht abwechslungsreich zu gestalten. Hier gibt es eine Menge kleiner Tricks, die nicht zwingend notwendig sind, aber einige Organisationsformen erleichtern.
Schön ist es, gerade in den jüngeren Klassen, einen **runden Teppich** als Dreh- und Angelpunkt zu haben. Der Teppich kann quasi als Marktplatz gesehen werden, wo man sich trifft, um Dinge zu besprechen und wo verschiedene „Waren" angeboten werden. Im unterrichtlichen Kontext bedeutet das, dass der Teppich eine gute Möglichkeit für einen Standort- und Phasenwechsel ist. Ein Stuhl- oder Sitzkreis um den Teppich garantiert für jeden Schüler freie Sicht auf das Material und lässt sich optimal für kurze Einführungen, Zusammenfassungen, Ergebnissicherungen oder Erzählrunden nutzen. Die Teppichmitte schafft Raum für das Auslegen von Zusatzangeboten oder Aufgaben, für die Würdigung von Schülerarbeiten und kann als Ausstellungsort für Aktuelles genutzt werden.
Kommt ein Teppich zum Einsatz, muss einerseits innerhalb des Klassenraumes Hausschuhpflicht gelten und andererseits das Betreten des Teppichs untersagt sein. Daran gewöhnen sich die Kinder schnell, indem man einfach „Nicht betreten"-Symbole ausdruckt und auf den Teppich legt bzw. Muggelsteine rund um den Teppich an dessen Kante verteilt. Dies verhindert auch das Betreten durch fremde Personen am Nachmittag

(AGs, Putzkolonnen, andere Klassen usw.). Andernfalls sieht der Teppich sehr schnell schmutzig aus, was dazu führt, dass man sich dort nur ungern versammelt. Außerdem sollte ein Staubsauger zum regelmäßigen Saugen des Teppichs in der Klasse oder Schule vorhanden sein.

Sollte der Klassenraum nicht groß genug sein bzw. erlaubt Ihre Sitzordnung keinen Stuhlkreis um einen Teppich, können umgedrehte und saubere **Hartplastikmülleimer** eine gute Alternative sein. Diese sind schnell um den Teppich gestellt und halten das Gewicht eines Dritt- oder Viertklässlers aus. Des Weiteren lassen sie sich ineinander gestapelt relativ gut und platzsparend aufbewahren.
Weitere Arbeitsplätze oder Präsentationsflächen können durch **Teppichfliesen oder Flickenteppiche** geschaffen werden. Diese lassen sich schnell ausbreiten, wegräumen und verstauen. Viele Kinder arbeiten gern auf dem Boden. Dabei dient eine Teppichfliese optimal als Sitz- oder Liegeunterlage. Außerdem kann man den Klassenraum auf diese Weise gut erweitern, indem man einige Kinder damit zum Arbeiten auf den Flur schickt. Darüber hinaus können auf den Teppichfliesen z. B. unterschiedliche Aufgabenformate präsentiert werden. Außerdem helfen sie, eine bestimmte Sitzplatzanordnung vorher zu strukturieren: Schnell in einem Halbkreis mit Blick zur Tafel angeordnet, ergeben die Teppichfliesen einen schönen Theater- oder Kinositz.

Die Tafel einteilen und erweitern

Meistens bräuchte ein Grundschullehrer die doppelte Fläche einer üblichen Tafel. Nicht etwa, um ein umfangreiches Tafelbild zu erstellen, sondern vielmehr, um Dinge aufzuhängen oder permanent zu installieren. Auch im Zeitalter der Smartboards fehlt es oft an magnetischer oder zusätzlicher Fläche. In solchen Fällen kann man sich auf unterschiedliche Art helfen. Erstens schafft eine Pinn- oder Korkwand zusätzliche Ausstellungsfläche. Zweitens ist eine Magnetwand empfehlenswert. Beide lassen sich leicht an Wandflächen anbringen und haben den Vorteil, dass sie beim Wechseln oder Verlassen des Klassenraumes abmontiert und mitgenommen werden können. Eine dritte Variante wäre, einen Teil der Wand mit Magnetfarbe (im Baumarkt erhältlich) zu streichen. Der Nachteil dabei: Diese Fläche ist an den Klassenraum gebunden.
Da die Tafel meist im Blickfeld eines jeden Schülers ist oder sein sollte, sollte sie auch mit den wichtigsten Informationen des Tages bestückt sein. Dabei ist darauf zu achten, dass sich diese Informationen stets an derselben Stelle der Tafel befinden. Ein Bestandteil ist der tägliche Stundenplan.
Drucken Sie zu Beginn des Schuljahres einmal alle Zeiten, Stunden, Wochentage und Fächer (auch Symbole, die für die Fächer stehen) aus, laminieren Sie diese und bewahren Sie sie in einzelnen Tütchen nahe der Tafel auf. Heften Sie nun die Stunden von eins bis sieben und die dazugehörigen Uhrzeiten untereinander an die Tafel. Nun können täglich der jeweilige Wochentag und der Stundenplan daneben angebracht werden. Ein Magnet neben dem Stundenplan, der von Stunde zu Stunde geschoben werden kann, verschafft den Schülern Struktur und Orientierung für den Tag.

Ein weiterer wichtiger Bestandteil der Tafel ist das Datum. Es lässt sich wunderbar nutzen, um nebenbei die Wochentage, Feiertage und Jahreszeiten zu festigen und zu wiederholen. Auch die Hausaufgaben sollten stets an dieselbe Stelle geschrieben werden. Dabei muss natürlich ausreichend Fläche für die tatsächlichen Tafelbilder frei bleiben.
Entscheiden Sie selbst, ob alle genannten Informationen an der Tafel Platz finden sollen oder eher auf Magnettafeln oder Pinnwänden festgehalten werden.

Ecken schaffen

Um Leerlauf für einige leistungsstarke Schüler zu vermeiden und um keine kostbare Lernzeit zu verschenken, ist es sinnvoll, im Raum verschiedene „Ecken" zu installieren. Kinder, die mit erteilten Aufgaben schneller fertig sind als andere oder sich in Regenpausen langweilen (siehe „4. Differenzierung: mehr Motivation, weniger Frustration", S. 84–87), können sich hier beschäftigen.

Zum einen bietet es sich an, eine **Leseecke** einzurichten. Im besten Fall sollte sie mit einem Lesesessel oder einem kleinen Sofa und einer Klassenbibliothek, sprich einer Auswahl an Büchern, ausgestattet sein. Sollten Sie Berufseinsteiger sein, steuern Ihre Schüler sicher gern ausrangierte Bücher zur Klassenbibliothek bei. Diese muss zum Berufsanfang keineswegs vollständig sein – lassen Sie sie sich entwickeln und fühlen Sie sich nicht genötigt, sogleich viele Bücher anzuschaffen. Es ist auch schön, einige Bücher, die thematisch oder jahreszeitlich passen, auszustellen oder zu präsentieren. Diese lassen sich gut mit kleinen Staffeleien auf den Bücherregalen arrangieren. Sollten Sie ausreichend Platz haben, macht ein Präsentationsregal natürlich noch mehr her – ist aber auch sehr kostenintensiv.
Zum anderen sind **fachspezifische Ecken** hilfreich. Vorstellbar sind z. B. die Ecken „Deutschexperte", „English Corner", „Sachunterrichtsprofi" oder „Kunstliebhaber" (siehe „Forscherecken", S. 76). Diese Ecken können mit kleinen zusätzlichen Freiarbeitsaufgaben, Übungskarteien, Logico-Brettern, LÜK-Kästen, Spielen, Puzzeln und passenden Büchern oder Zeitschriften ausgestattet sein.
Je nach Schülerklientel oder Klassenzusammensetzung bietet sich auch eine **DaZ-Ecke oder Sprachbildungsecke** an. Diese sollte mit zahlreichen Übungsmaterialien zum Erlernen der deutschen Sprache bestückt sein (z. B. Dominos, Memorix, Klammerkarten, Lese-Mal-Blätter).
Heutzutage stehen in fast jedem Klassenraum ein bis zwei Computer. Auch diese sollten Sie in Ihren Unterricht integrieren: Richten Sie eine **Computerecke** ein. Häufig sind bereits Übungsprogramme auf den Computern installiert, sodass lediglich eine Einführung notwendig ist, bevor die Schüler selbstständig daran arbeiten können. Achten Sie darauf, dass an den Computern auch tatsächlich gelernt oder gearbeitet wird und diese nicht nur zum Bilderanschauen o. Ä. verwendet werden.
Zusätzlich empfiehlt es sich, eine **Spaßecke** (Knobel-, Spiele- und Bewegungsecke) vorzusehen. Diese ist sinnvoll, wenn die Kinder in Regenpausen im Klassenraum bleiben oder bei Schulaufführungen betreut werden müssen. Einige Spiele, kopierte Knobelseiten (im Internet zu finden) und ein paar laminierte Kinder-Yoga-Karten genügen oft schon.

Wichtig beim Einrichten der Ecken ist, dass die Kinder an alle Materialien herankommen und sich selbstständig bedienen dürfen. Besprechen Sie zu Beginn des Schuljahres sofort, wie mit geliehenem Material umgegangen wird und dass dieses ordentlich an seinen Platz zurückgebracht werden muss. Halten sie sich nicht daran, verlieren die Schüler automatisch das Privileg, in den Freiarbeitsecken arbeiten zu dürfen.

Jeder Freiheit ist irgendwo auch eine Grenze gesetzt – es sollte auf alle Fälle auch eine **Tabu- oder Lehrerecke** geben. Damit ist eine Ecke gemeint, in der Sie Ihre Materialien und wichtigen Dokumente aufbewahren. Der Raum hinter dem Lehrertisch oder der Klassenschrank bietet sich für solch eine Funktion an. Diese Ecke sollte für alle Schüler gleichermaßen tabu sein.
Machen Sie sich die Mühe und beschriften Sie die Ecken zur besseren Orientierung. Die Einrichtung solcher Ecken hört sich am Anfang aufwändig an, ist aber sehr ergiebig und entlastet beim offenen Arbeiten enorm. Auch hier gilt: Es muss zu Beginn des Schuljahres nicht alles perfekt vorbereitet sein – geben Sie den Dingen Zeit, lassen Sie sie wachsen und sich entwickeln.

Selbstorganisation
Wie bereits unter Punkt „1.4 Materialflut zu Beginn des Schuljahres" (S. 11) näher erläutert, sollte jedes Kind einen Platz für seine Materialien haben (z. B. einen Stehordner/Ablagekorb/Fach). Dieser sollte mit dem Namen des jeweiligen Schülers beschriftet sein. Dies erzieht die Kinder zur Selbstorganisation und Selbstständigkeit. Die Schüler müssen zu Beginn jeder Stunde ihre notwendigen Materialien auf dem Tisch bereitlegen und nicht Benötigtes wegsortieren. Sie müssen dabei entscheiden, ob sie Bücher, Hefte oder Hefter für Hausaufgaben in die Mappe räumen müssen oder ob die Materialien in der Schule verbleiben können.

Genauso wie Sie für die Schüler diese Hilfen zur Selbstorganisation einrichten, sollten Sie auch an sich denken. Meiner Meinung nach ist es besonders zeitsparend und effizient, wenn Sie in Ihrer Lehrerecke Hängeregister haben, in denen Sie wichtige Formulare und Unterrichtsmaterialien bereits kopiert (Elternbriefe, Elterninformationen, Materialzettel, Stundenpläne, Schülerlisten, Methoden usw.) aufbewahren.

Beschriftungen, Aushänge und Dekorationen
Wie bereits in den vorangegangenen Ausführungen immer wieder erwähnt, sorgt das **Beschriften** von Materialien, Kisten oder Ecken für Struktur und Ordnung bei den Schülern. Durch das immer wiederkehrende Auftauchen der Schülernamen finden sie sich im Raum wieder, können sich mit diesem identifizieren und sehen sich als Bestandteil oder Mitglied der Klasse.
Auch für Sie können Beschriftungen hilfreich sein. Scheuen Sie sich nicht, ein Pausenschild (Frau Mustermann / Herr Mustermann hat Pausenzeit. Bitte nicht stören!) oder Arbeitsschild (Frau Mustermann / Herr Mustermann arbeitet. Bitte nicht stören!) aufzustellen, wenn Sie konzentriert arbeiten oder etwas erledigen müssen. In diesen Zeiten sollten die Schüler Sie nicht stören. Natürlich sind Sie in erster Linie für die Schüler da und stehen ihnen mit Rat und Tat zur Seite, aber auch Sie haben ein Anrecht auf ungestörte – wenn auch meist nur kurze – Arbeits- oder Pausenphasen.

Konzentrieren Sie sich bei **Aushängen** (wie z. B. Plakaten, Lösungsseiten, Merkhilfen, Arbeitsabläufen, Abschreibhilfen) auf das Wesentliche. Dies variiert natürlich von Thema zu Thema und auch von Klasse zu Klasse. Zu viele Aushänge wirken auf die Schüler jedoch überfordernd und reizüberflutend. Aushänge sollen den Schülern helfen und sie nicht unnötig vor Probleme stellen. Dennoch habe ich vermehrt festgestellt, dass beispielsweise ausgehängte Fälle oder Satzglieder, die für eine längere Zeit im Klassenraum verweilen, bei den Schülern zu einer besseren Merkfähigkeit beigetragen haben.

Für **Dekorationen** hat nicht jeder ein Händchen. Im Allgemeinen sollten die jahreszeitlichen Veränderungen und Feiertage sich jedoch auch im Klassenraum zeigen. Ideen dafür sind:

- *nach den Sommerferien:* Schultüten gestalten lassen.
- *nach den Herbstferien:* Blättergirlanden, Igel, Kränze basteln lassen.
- *vor den Weihnachtsferien:* Kugeln, Tanne, Adventskalender, Weihnachtsmänner, Engel basteln.
- *vor den Winterferien:* Schneeflocken basteln lassen, Wattebausche als Schneeketten kleben lassen, Schneemänner gestalten lassen.
- *vor den Osterferien:* Frühblüher, Blumen, Schmetterlinge, Osterhasen züchten bzw. basteln.

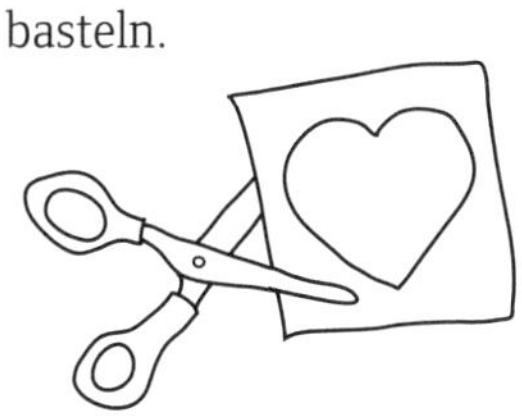

Erstellen Sie die Dekorationen mit den Kindern selbst bzw. wünschen Sie sich diese von der Kunstlehrkraft. Diagonal durch den Klassenraum gespannte Wäscheleinen oder unter die Decke gehängte Hula-Hoop-Reifen bieten optimale Möglichkeiten, die Kunstwerke Ihrer Schüler auszustellen. Auch auf dem Flur können sehr gut Kunstwerke der Schüler aufgehängt werden und lassen diesen lebendig erscheinen. Ganz nebenbei erzielen Sie damit auch einen der wichtigsten Effekte: Die Schülerarbeiten werden gewürdigt. Die Schüler freuen sich darüber, wenn ihr Bild oder ihre Bastelarbeit für alle sichtbar im Raum oder auf dem Flur hängt. Beachten Sie jedoch: Hängen Sie nicht zu viele Dekorationen auf, um die Schüler nicht mit Reizen zu überfrachten, denn eigentlich liegt der Fokus ja auf den Unterrichtsinhalten. Dekorationen sollen lediglich hintergründig zum Wohlfühlen beitragen und mehr nicht.

Veröffentlichungen

Ihre individuelle **Rückmeldungs- und Disziplinierungsform** an die Schüler kann z. B. als „Klagemauer" in Gestalt einer Pinnwand (siehe „5.3 Feedbackkultur angemessen ausbilden", S. 92 f.) oder als Magnettafel mit einer Sternenliste (siehe „5.1 Belobigungssysteme", S. 88–91) für die Schüler gut erreichbar und jederzeit sichtbar sein.

Des Weiteren hänge ich immer eine **Liste mit vergessenen Hausaufgaben und fehlenden Arbeitsmaterialien** für die Schüler aus, damit sowohl Kinder als auch Eltern jederzeit Einblick nehmen können. Diese Liste sollte von allen Kollegen, die in der Klasse unterrichten, gleichermaßen genutzt werden. Erstellen Sie dazu einfach eine Tabelle mit drei Spalten. In der ersten Spalte sollten sich die Namen der Kinder befinden, die zweite Spalte sollte die Überschrift „vergessene Hausaufgaben“ tragen und die dritte Spalte mit „vergessene Arbeitsmaterialien“ betitelt sein. Des Weiteren können Sie auch schnell eine vorgedruckte Information über die vergessenen Hausaufgaben über die Postmappe nach Hause senden.

Klassenregeln sollten zu Beginn des Schuljahres gemeinsam mit den Schülern erarbeitet werden. Geben Sie Acht, dass es sich dabei nicht um mehr als zehn Regeln handelt und dass diese stets positiv formuliert sind (nicht: Wir schlagen nicht!, sondern: Wir sind freundlich zueinander!). Diese Regeln sollten auf einem Plakat gesammelt, in der Klasse aufgehängt und von allen Schülern unterschrieben werden.

Machen Sie auch die **Dienste oder Ämter** der Schüler in der Klasse öffentlich. So können sich die Schüler immer wieder rückversichern, wer mit welcher Aufgabe betraut ist und sich gegenseitig erinnern. Sehr gut machen sich hier Fotohänger, in die man die Ämterkarten leicht hineinschieben kann. Die Namen der zuständigen Schüler können nun mit beschrifteten Wäscheklammern angeheftet werden.

Auch die Hinweise auf die **Geburtstagskinder** sollten ihren Platz im Klassenraum finden. Zum einen schauen die Schüler immer gern auf einem Jahreskalender nach, wer als nächstes Geburtstag hat, zum anderen zollt man ihnen besonderen Respekt, wenn ihr Geburtstagsschild an einer separaten Magnettafel mit der Aufschrift „Unser nächstes Geburtstagskind“ erscheint (siehe „Geburtstagsrituale“, S. 51).

Entlaster

Die folgenden Tipps und Tricks sind als Möglichkeit zur Entlastung zu verstehen und in keinerlei Hinsicht ein Muss in einem Klassenraum.

- **Schubladenelemente,** bestückt mit Verbrauchsmaterial (wie z. B. Scheren, Klebstoff, Buntstifte, Filzstifte, Pinsel, Tuschbecher, Schmierpapier) aus Hartplastik, die in normale Regale passen.
  Die Kosten dafür gehen zulasten der Klassenkasse. Auch hier muss natürlich gelten: Wer sich etwas ausleiht, packt dies auch gewissenhaft zurück. Es gibt immer wieder Schüler, die keine vollständige Federtasche dabei haben und sich etwas leihen müssen. Wenn die Schüler wissen, wo sie notfalls eine Schere oder einen Bleistift leihen können, läuft der Unterricht reibungsloser und ohne Störungen ab.
- Rechteckiger **Fotovorhang** als individueller Briefkasten für die Schüler.
  Hier hat jeder Schüler seine eigene Brieftasche (mit Namen der Kinder beschriftet). Diese Briefkästen können einerseits als Kommunikationsmittel zwischen den Schülern für kleine Briefchen genutzt werden. Andererseits können die kleinen Briefkästen zwischen Ihnen und den Schülern vermitteln: Briefe oder Arbeitsblätter für kranke Schüler können hier aufbewahrt werden oder auch kleinere Fundsachen wie Radiergummi oder Stifte können über den Briefkasten zurückgegeben werden.
- Ein eigenes **Postfach** in Form eines Ablagekorbes irgendwo an einem zentralen Platz im Klassenraum.
  Hier kommen alle Schriftstücke, Entschuldigungen, Rückläufer usw. an Sie hinein. Dies verhindert, dass Sie ständig von irgendeinem Kind etwas in die Hand gedrückt bekommen und es dann womöglich verlegen. Haben Sie zwischendurch etwas Zeit, können Sie das Postfach leeren und abarbeiten.
- **Taschentücher, Küchenrolle und Mülltüten.**
  Sie sollten immer an einer festen Stelle im Klassenraum verfügbar sein. Auch bieten sich feuchte Tücher an, um z. B. die Tische nach dem Kunstunterricht besser putzen zu können. Darüber hinaus wird es zahlreiche andere Momente geben, in denen sie gebraucht werden.

2 Jetzt geht's los: Orientierung geben

Die ersten Tage nach den Sommerferien verlaufen sowohl für die Schüler als auch für die Lehrer oft etwas holprig: neue Schüler und Lehrer, neue Räumlichkeiten, unbekannte Materialien, neue Stundenpläne und gegebenenfalls auch neue Fächer. Außerdem müssen sich beide Seiten wieder daran gewöhnen, zu arbeiten. Um diese Umstellung für Schüler und Lehrer möglichst einfach zu gestalten, sollte ausreichend Zeit zum Kennenlernen und Orientieren gelassen werden. Sitzpläne können besprochen und Ämter verteilt werden. Wenn Sie mit vielen Materialien arbeiten, sollten die Kinder genau wissen, wo was zu finden ist. Dies ist für das selbstständige Arbeiten sowie für das Aufräumen von großer Bedeutung. Sind alle organisatorischen Belange geklärt, fühlen sich die Schüler schnell wieder wohl und starten motiviert in den Schulalltag.

2.1 Die ersten Tage

Kennenlernen und Beschnuppern

Der erste Tag, an dem oftmals Klassenlehrerunterricht stattfindet, räumt Ihnen ausreichend Raum und Zeit ein, Ihre Schüler besser kennenzulernen. Die Auswahl der Methoden ist natürlich dahingehend zu unterscheiden, ob sich Ihre Schüler untereinander bereits kennen und nur Sie die Schüler neu kennenlernen oder ob sich auch die Schüler gegenseitig erst kennenlernen müssen. Planen Sie ausreichend Zeit ein, aber übertreiben Sie es auch nicht. Im Folgenden werden einige Kennenlernspiele und -methoden näher ausgeführt.

Bildpizza

Die Methode der Bildpizza eignet sich wunderbar, wenn die Kinder sich untereinander bereits kennen und Sie sich als neue Lehrkraft vorstellen. Malen Sie im Vorfeld eine Pizza (runder Kreis) mit verschiedenen Stücken auf ein großes Blatt Papier. Die einzelnen Stücke stehen für verschiedene Bereiche Ihres Lebens (Privatleben, Familie, Hobbys, Essen, Lieblingsbeschäftigung usw.). In jedes Stück malen Sie passende Bilder, die auf Sie zutreffen: Im Bereich Hobbys z. B. ein Klavier, das für die Begeisterung des Klavierspielens stünde oder im Bereich Familie zwei ineinandergeschlungene Ringe, die verraten, dass Sie verheiratet sind. Aufgabe der Kinder ist es, diese Bildpizza näher zu betrachten und Vermutungen über Sie zu äußern, die Sie nur mit Ja oder Nein beantworten dürfen. Die Schüler lernen Sie so besser kennen und wissen, mit wem sie es zu tun haben. Entscheiden Sie selbst im Vorfeld, wie viel Sie von sich preisgeben wollen.
Im Anschluss können Sie die Kinder bitten, auch Bildpizzen von sich selbst zu erstellen und abschließend vorzustellen.

Strippenwirrwarr

Diese Methode eignet sich einerseits wunderbar zum Namenlernen und andererseits zum Kennenlernen der Schüler. Obendrein lässt sich das Strippenwirrwarr mit ganz unterschiedlichen Inhalten füllen. Alles was Sie dazu brauchen, ist ein Wollknäuel und eine Fragestellung, wie z. B.:

- Was machst du gern?
- Was magst du gern?
- Wenn du drei Dinge mit auf eine Insel nehmen könntest, welche wären das?
- Was möchtest du einmal werden?

Stellen Sie sich mit den Schülern in einem Stehkreis auf, so dass jeder ausreichend Platz hat und gut sehen kann. Äußern Sie die Frage und geben Sie den Schülern ein wenig

Bedenkzeit, um sich eine Antwort zu überlegen. Weisen Sie die Schüler darauf hin, sich die Namen und Antworten gut zu merken.
Dann starten Sie, indem Sie Ihren Namen sagen und die Antwort, die Sie sich überlegt haben. Rollen Sie ein wenig Wolle von dem Knäuel ab und halten Sie es fest. Werfen Sie nun das Knäuel zum nächsten Schüler. Dieser sagt den Namen und die Antwort seines Vorredners sowie seinen eigenen Namen und seine eigene Antwort, rollt ein wenig Wolle ab, hält den Faden an der Stelle fest und wirft das Knäuel weiter. Die Wolle sollte schön straff gehalten werden! Je mehr Schüler an der Reihe waren, desto größer wird das Spinnennetz. Ist das Wollknäuel beim letzten Schüler angekommen, geht es rückwärts zurück. Das heißt, dass der letzte Schüler den Namen des vorletzten und die dazugehörige Antwort nennen muss. Sie können sich auch überlegen, dies als erste teambildende Maßnahme zu sehen. Das Spinnennetz spiegelt quasi die Abhängigkeit und Zusammengehörigkeit aller Schüler und der Lehrkraft wieder. Nur so kann eine intakte Klassengemeinschaft funktionieren.

Darf ich vorstellen?
Diese Methode gehört zu den etwas zeitintensiveren, macht den Schülern aber sehr viel Spaß. Zur Vorentlastung ist es ratsam, einige Fragen, die die Kinder beantworten sollen, vorher preiszugeben. Diese können entweder auf einem kleinen Zettel für alle kopiert werden oder an der Tafel stehen. Der Zettel hat den Vorteil, dass die Schüler sich auf diesem gleich Notizen machen können. Fragen könnten z. B. sein:

- Wie heißt du?
- Was isst/trinkst du gern?
- Was magst du gar nicht?
- Hast du Geschwister?
- Was ist dein Lieblingsfach?
- Wo wohnst du?
- Hast du ein Haustier?
- Was kannst du besonders gut/gar nicht?

Die Schüler haben dann ein wenig Zeit, sich Antworten zu diesen Fragen zu überlegen und diese gegebenenfalls zu notieren. Außerdem sollten sie sich einen fiktiven Vor- und Nachnamen ausdenken und diesen ebenfalls aufschreiben. Im nächsten Schritt geht es um das Vorstellen. Der Schüler, der an der Reihe ist, stellt sich dazu als jemand anderes (z. B. Holger Hübsch) hinter seinen Stuhl und tut so, als säße er selbst noch auf dem Stuhl (z. B. Johannes Schmidt). Nun beginnt der Schüler sich selbst vorzustellen: „Hallo, ich bin Holger Hübsch und das hier ist Johannes Schmidt. Johannes liebt Erdbeerkuchen und Orangensaft. Er mag gar keine Erbsen …"
Der Vorteil dieser Methode ist, dass beispielsweise Schwächen leichter zugegeben werden können, weil sie quasi von jemand anderem geäußert werden.

Finde jemanden, der …
Das Kennenlernspiel „Finde jemanden, der …" hat den großen Vorteil, dass es gleichzeitig mit Bewegung kombiniert wird. Der Nachteil ist, dass es unter Umständen recht laut werden kann.
Man braucht ein vorbereitetes und für alle Beteiligten kopiertes Blatt, auf dem eine Tabelle abgebildet ist. In der Tabelle sind z. B. folgende Fragen abgedruckt: „Hast du gut geschlafen?", „Kannst du Ski fahren?". Daneben befindet sich immer ein freies Feld. Aufgabe der Schüler ist es, für jede Frage einen Schüler zu finden, der diese Frage mit Ja beantworten kann. Dazu laufen die Schüler durch den Raum und befragen verschiedene Mitschüler. Haben sie jemanden gefunden, der diese Frage bejahen kann, tragen sie den Namen neben der Frage ein. Ziel ist es, als Erster mit einer ausgefüllten Tabelle wieder

am Platz zu sitzen. Machen Sie auch mit! So kommen Sie mit den Schülern ungehemmt ins Gespräch und lernen diese besser kennen.

Finde jemanden, der …

KV 4

Finde jemanden, der … **KV 4**

Name: ______________________________

Datum: ______________________________

Finde jemanden, der …

… eine jüngere Schwester oder einen jüngeren Bruder hat.

… gern Fußball spielt.

… ein Haustier hat

Schattenbild oder Handumrisse

Während die anderen Methoden oftmals den gegenseitigen mündlichen Austausch in den Vordergrund rücken, wird hier das Kennenlernen durch schriftliche Aktivität gefördert.

Lassen Sie die Kinder zwischen einem OH-Projektor und einer weißen Wand auf einem DIN-A3-Papier ein Schattenbild entwerfen. Anschließend können die Kinder Informationen über sich selbst in das Schattenbild schreiben. Geben Sie auch hier einige Leitfragen vor, um das Schreiben für die Kinder zu erleichtern. Denkbar wären auch Fragen nach Ängsten, Wünschen oder Vorhaben.

Alternativ können die Handumrisse der Kinder auf ein weißes Blatt Papier gezeichnet werden. In jedem Finger werden dann persönliche Infos schriftlich festgehalten.

Abschließend können alle Köpfe bzw. Hände ausgeschnitten und auf einen farbigen Tonkarton mit der Überschrift „Die schlauen Köpfe der 3a“ oder „Die fleißigen Hände der 3b“ geklebt werden.

Schmückende Adjektive oder „Was ist dein Lieblings-…?“

Für **„Schmückende Adjektive“** stellen sich am besten alle Schüler im Kreis auf. Lassen Sie den Schülern nach Erklärung des Spiels ein wenig Zeit, sich ein Adjektiv zu überlegen, das sie erstens gut beschreibt und zweitens mit demselben Buchstaben beginnt, wie ihr jeweiliger Vorname (z. B.: Ich bin Super-Sarah). Weisen Sie auch darauf hin, dass die Kinder sich die Namen der vorhergehenden Spieler gut merken müssen. Nun geht das Spiel reihum wie „Ich packe meinen Koffer“. Das bedeutet, dass der nächste Spieler immer die vorangegangenen Adjektive plus Namen wiederholen muss, bevor er seinen eigenen sagt. Der letzte Spieler muss im Zweifelsfall alle schmückenden Adjektive und Namen aufsagen. Auch dieses Spiel eignet sich wunderbar, um Namen zu lernen.

Ein ganz ähnliches Spiel ist **„Was ist dein Lieblings-…?“**. Ein Stehkreis bietet sich auch bei dieser Methode an. Beginnen Sie als Lehrkraft, eine Frage mit Lieblings-… zu formulieren:

- Was ist deine Lieblingsfarbe?
- Was ist dein Lieblingsauto?
- Was ist dein Lieblingsland?
- Was ist dein Lieblingsfach?
- Was ist deine Lieblingsbeschäftigung?

Der Schüler (z. B. Sascha), der rechts neben Ihnen steht, muss nun eine Antwort auf die Frage finden, die auch mit dem Anfangsbuchstaben seines Vornamen beginnt und z. B. diese Kombination nennen:

- Ich bin der schwarze Sascha.
- Ich bin der Skoda-Sascha.
- Ich bin der Schweden-Sascha.
- Ich bin der Sport-Sascha.
- Ich bin der schlafende Sascha.

Ansonsten läuft das Spiel genauso ab wie „Schmückende Adjektive". Allerdings ist der Schwierigkeitsgrad in zweierlei Hinsicht erhöht. Zum einen haben die Kinder vorher keine Zeit, um sich ein Adjektiv auszudenken. Zum anderen müssen sie sich zusätzlich eine Frage überlegen. Sie können überlegen, ob Sie die Wiederholungen durch den nachfolgenden Schüler weglassen und ob Sie vielleicht Hilfskärtchen mit möglichen Fragen zur Verfügung stellen, falls ein Schüler Probleme hat, eine Frage zu formulieren.

Tee oder Kaffee?

Im Grunde genommen ist dies ein Abfragespiel, das nur zwei Entscheidungsmöglichkeiten zulässt. Überlegen Sie sich im Vorfeld einen Aussagenkatalog. Dies können Aussagen ganz unterschiedlicher Art sein, sie müssen jedoch mit Ja oder Nein, „Trifft auf mich zu." oder „Trifft nicht auf mich zu." zu beantworten sein (z. B.: Ich habe Angst vor Spinnen. Ich liebe Rockmusik. Ich sehe gern fern. Ich habe schon einmal etwas kaputt gemacht und es nicht zugegeben ...).
Markieren Sie mit Kreppband eine Grenze im Klassenraum und klären Sie vorher, welche Seite für Ja bzw. „Trifft auf mich zu." und welche Seite für Nein bzw. „Trifft nicht auf mich zu." steht. Unterstützen Sie dies eventuell durch Hinweisschilder – diese kann man immer wieder brauchen, da diese Methode auch zum Abfragen von Fachwissen geeignet ist.
Alle Schüler stellen sich anfangs rund um eine „Tee oder Kaffee"-Fläche auf. Äußern Sie Ihre erste Aussage. Die Schüler müssen nun entscheiden, wie sie diese Aussage für sich selbst beantworten können und bewegen sich dann entweder auf die eine oder die andere Seite.

Poesiealbum und Superhelden

Das Erstellen eines **Poesiealbums** ist eigentlich nichts anderes als das Erstellen eines Steckbriefes. Die Kinder füllen einen Lückentext aus bzw. beantworten Fragen zu ihrer eigenen Person, um diese möglichst authentisch vorzustellen. Dieser kann mittels eines Fotos und kleinerer Zeichnungen dekoriert und verschönert werden. Schön sind auch bunte Seiten.
Abschließend können alle Seiten der Kinder in einem Klassenpoesiealbum zum Angucken gesammelt und gebunden werden. Alternativ können die Seiten auch in der Klasse als Poesiewand (z. B. an der Tür) aufgehängt werden.

Die Methode **„Superhelden"** ist grundsätzlich an einen Steckbrief oder eine Poesiealbumseite angelehnt. Dazu müssen sich die Schüler vorher Gedanken darüber machen, wo ihre Stärken liegen bzw. was sie richtig gut können. Hier können z. B. auch Dinge genannt werden, die in der Schule vermeintlich keine guten Eigenschaften sind, wie z. B. quatschen, Späße machen, Mitschüler ärgern, den Unterricht stören. Diese Stärken sollen nun einen Superhelden ausmachen. Die Kinder bekommen dazu ein Arbeitsblatt mit einer Silhouette eines Menschen. Aufgabe ist es, einen Namen für ihren Superhelden zu finden und zu entscheiden, wie dieser aussehen müsste:

- Trägt der Superheld eine Maske?
- Hat der Superheld vielleicht eine andere Haut?

- Trägt der Superheld einen Umhang?
- Hat der Superheld Flügel?

Die Schüler malen ihren ganz persönlichen Superhelden in die Silhouette hinein und schreiben seine besonderen Fähigkeiten daneben auf.
Die Superhelden können abschließend mündlich vorgestellt werden oder aber für einen Museumsspaziergang ausgelegt und von allen Schülern betrachtet werden. Die fertigen Exemplare lassen sich wunderbar als erstes Arbeitsergebnis in der Klasse aufhängen.

Sitzpläne sinnvoll erstellen

Grundsätzlich hängt die Erstellung von Sitzplänen von verschiedenen Faktoren ab. Eine Sitzordnung lässt sich zu Beginn des Schuljahres noch nicht optimal festlegen, da Sie die Schüler dazu noch nicht gut genug kennen.
Meines Erachtens gibt es jedoch einige Grundsätze, die zu beachten sind:

- Der Raum muss „atmen" können – lassen Sie z. B. die Mitte des Raumes frei (für Stuhlkreise, runden Teppich usw.).
- Gänge für Schüler und Lehrer frei lassen (freier Weg zur Tafel).
- Zugänge zu Fenstern, Materialecken, Schränken, Computern usw. frei lassen.
- Tische so anordnen, dass jeder Schüler seine Schulmappe entweder an die Tischhaken anhängen oder unter den Tisch schieben kann.
- Darauf achten, dass Stuhlkreis und Kinositz problemlos gebildet werden können.
- Schüler müssen einen guten Blick zur Tafel haben.
- Lehrkraft sollte alle Schüler sehen können.

Frontale Reihen

Ordnen Sie je nach Klassenraumgröße Reihen von drei bis vier Tischen an, die alle frontal zur Tafel stehen.
Vorteil: Alle Schüler können gleichermaßen gut sehen und die Ablenkungsmöglichkeiten sind relativ beschränkt.
Nachteil: Diese Tischanordnung wirkt sehr massiv. Meist kommen die Schüler und Lehrkräfte schlecht durch die Reihen. Außerdem ist diese Anordnung sehr stark auf Frontalunterricht ausgelegt, kooperative Lernformen oder alternative Kommunikationsformen sind nur durch Umbau möglich. Auch ein Stuhlkreis ist in den meisten Klassenräumen so nicht mehr möglich.

Einzeltische

Die Tische stehen einzeln im Raum verteilt, können alle mit dem Blick zur Tafel ausgerichtet werden, müssen es aber nicht. Einige können auch mit Blick aus dem Fenster oder gegen die Wand gestellt werden.
Vorteil: Auch hier ist die Ablenkungsgefahr recht gering, da Sie die Schüler so platzieren können, dass niemand abgelenkt wird. Jemandem, der leicht abzulenken ist, ist vielleicht mit dem Blick aus dem Fenster schon geholfen. Die Wege sind je nach Raumgröße etwas freier.
Nachteil: Diese Tischordnung kann sehr unruhig wirken, da jeder Tisch anders steht. Außerdem birgt sie die Gefahr, dass einige Schüler durch die Positionierung ihres Tisches eine schlechte Sicht zur Tafel und somit nach vorn haben.

U-Form

Die Tische werden in Form des Buchstaben U angeordnet, wobei die Öffnung des U vorn bei der Tafel sein sollte. Je nach Klassengröße können innerhalb der U-Formation weitere Tische platziert werden.

Vorteil: Die Mitte des Raumes ist frei für eventuelle Sitz- oder Stuhlkreise, Teppiche oder sonstige Aktionen. Der Blick zur Tafel ist für alle Schüler gleichermaßen gut.

Nachteil: Die Schüler sitzen sich gegenüber und können sich relativ gut sehen und gegenseitig ablenken. Diese Sitzordnung verhindert oftmals das Verstauen der Schulmappen seitlich an den Tischen und erzeugt relativ enge Gänge außen um das U herum.

Tafeln

Jeweils zwei Tische gegenübergestellt, ergeben zusammengeschoben mit drei bis vier weiteren eine lange Tafel. Meist bietet es sich an, zwei solcher Tafeln aufzustellen. Die Kinder sitzen sich dann wie im Restaurant gegenüber.

Vorteil: Sie haben ausreichend Platz in der Mitte und um die Tafeln herum. Die Schüler sitzen in zwei großen Gruppen zusammen, was für viele Methoden förderlich ist: Jeweils zwei Tische auseinandergezogen, ergeben beispielsweise einen Gruppentisch.

Nachteil: Auch hier ist die Sicht für einige Schüler eingeschränkt. Das Gegenübersitzen birgt ein hohes Ablenkungspotenzial. Außerdem schafft man so zwei größere Gruppen und teilt die Klasse in zwei Hälften, was man durch etliche teambildende Maßnahmen immer wieder versuchen sollte zu verhindern.

Gruppentische

Zwei Tische zusammengeschoben plus ein Tisch vor deren Kopf, ergeben einen Sechser-Gruppentisch.

Vorteil: Diese Gruppentische sind optimal für viele kooperative Lernformen geeignet. Die Schüler sitzen in Kleingruppen zusammen, können sich leicht helfen, unterstützen und Material teilen.

Nachteil: Auch hier können sich die Schüler gegenseitig leicht ablenken und stören. Es muss ein relativ großer Klassenraum vorhanden sein, um Gruppentische so stellen zu können, dass ausreichend Platz um die Tische herum und in der Mitte bleibt. Darüber hinaus kann es passieren, dass einige Schüler schlechter sehen können.

L-Tische

L-Tische sind eine Abwandlung der Gruppentische. Dazu wird einer der Tische zu einem L „aufgeklappt“.

Vorteil: Die Tische können so ausgerichtet werden, dass alle Schüler gut sehen können. Das Ablenkungspotenzial wird durch den aufgeklappten Tisch reduziert. Durch das

Zuklappen des einen Tisches können Sie für bestimmte Phasen sehr schnell auf Gruppentische umstellen.
Nachteil: Auch hier brauchen Sie sehr viel Platz, um die Tische so zu stellen und um an den Seiten vorbeizukommen. Meist reicht dann der Platz für eine freie Mitte nicht mehr aus.

Im Allgemeinen müssen Sie sich bei der Wahl der Tischordnung entscheiden, was Ihnen wichtig ist. Der Vorteil der letzten drei Sitzformen ist, dass Sie bei Störungen jederzeit den jeweiligen Tisch auflösen und den „Störenfried" isoliert setzen können.

Überlegen Sie sich vorher, ob Sie Schüler mit besonderen Bedürfnissen haben. Haben Sie Kinder mit einem Aufmerksamkeitsproblem in der Klasse, bevorzugen diese möglicherweise einen Einzelsitzplatz. Einigen Schülern mit einem erhöhten Bewegungsdrang helfen Sitzbälle oder Sitzkissen, um ruhiger sitzen zu können. Besprechen Sie eine mögliche Anschaffung mit den Eltern. Gibt es Kinder, die einen Integrationsstatus haben und öfter auf Ihre Hilfe angewiesen sind, sollten Sie diese in Ihrer Nähe platzieren. Berücksichtigen Sie die besonderen Bedürfnisse von schwerhörigen Kindern oder von Kindern, die schlecht sehen können. Meist äußern diese Kinder selbst, welcher Sitzplatz für sie ein geeigneter wäre.

Die meisten Kinder möchten natürlich neben ihrem Freund sitzen. Oftmals geht dies aufgrund des hohen Ablenkungsfaktors leider nicht. Da Ausnahmen immer die Regel bestätigen, gibt es Paarungen, bei denen es dennoch funktioniert. Zu Beginn des Schuljahres lässt sich dies wunderbar ausprobieren. Sollte das Zusammensitzen nicht klappen, können Sie immer umsetzen. Auch vor den Ferien bietet es sich immer an, einen Wunschsitznachbarn für eine Woche oder einen Tag wählen zu lassen, um auch den Wünschen der Schüler ab und zu nachzukommen.
Beim Umsetzen oder Wechseln der Sitzordnung können verschiedene Paarungen ausschlaggebend sein, die sich je nach Klassenzusammensetzung unterscheiden:

- per Zufall entscheiden lassen
- immer Jungen neben Mädchen
- leistungsstarke Schüler neben leistungsschwache Schüler
- laute Schüler neben stille Schüler
- aktive Schüler neben passive Schüler
- ordentliche Schüler neben unordentliche Schüler

Nehmen Sie eine Umsetzungsaktion ohne die Schüler nach dem Unterricht vor. So können Sie erstens ganz in Ruhe entscheiden, wer wo sitzen soll, und zweitens können Sie den „Schwarzen Peter" jemand anderem zuschieben. Verteilen Sie die Namensschilder der Schüler auf die neuen Plätze und behaupten Sie, dass die Handpuppe der Klasse oder das Nachtgespenst der Schule sein Unwesen getrieben und alle Schüler umgesetzt hat.

Wo ist was? Einrichten und den Raum erkunden

Meistens kommen die Schüler nach den Sommerferien mit einer bunt gefüllten Schulmappe in die Schule und präsentieren der Lehrkraft gern erwartungsvoll das eine oder andere Material. Um dem vorzubeugen, teilen Sie den Schülern gleich zu Anfang mit, dass sie das Material im Laufe des Vormittages gemeinsam wegsortieren. Alles das, was Sie mit den Schülern gemeinsam erledigen können, spart Ihnen nach Unterrichtsschluss viel Arbeit. Außerdem wissen die Schüler so gleich, wo sich ihre Materialien befinden und müssen nicht erst danach fragen. Nehmen Sie sich die Zeit und erklären Sie Schritt für Schritt, wo was hinkommt und wie was aufzubewahren ist. Veranschaulichen Sie dies immer anhand eines Beispiels. Setzen Sie sich nicht unter Druck, sofort inhaltlich arbeiten zu müssen. Mit der hier investierten Zeit, ersparen Sie es sich, später ständig organisatorische Fragen beantworten zu müssen.

Deshalb ist es hilfreich, wenn alle Ablagekörbe, Stehordner und Fächer bereits mit den Namen der Schüler beschriftet sind (siehe „1.4 Materialflut zu Beginn des Schuljahres", S. 11 f.).

In einem weiteren Schritt ist es sinnvoll, den Raum mit den Kindern gemeinsam zu begehen und zu besprechen: Wo ist was zu finden? Wo kann ich mir Hilfe holen? Nach einer solchen Begehung könnte sich eine **Klassenraumrallye** zum Kennenlernen des Raumes und Orientieren im Raum anschließen.
Es bietet sich an, dies mit der Methode „Fragen auf dem Tisch" durchzuführen. Dazu arbeiten die Schüler in Zweierteams. Ein Schüler ist der Schreiber und ein Schüler ist der Läufer. Jedes Team erhält ein Aufgabenblatt mit nummerierten Linien (z. B. von 1 bis 20). In der Raummitte, für alle gut erreichbar, steht ein Tisch. Auf diesem liegen ca. 20 nummerierte Fragekärtchen aus. Der Läufer eines jeden Zweierteams holt eine beliebige Karte. Das Team liest sich gemeinsam die Frage durch und versucht, diese zu beantworten, z. B.: „Du möchtest einen Brief schreiben. Wo findest du Briefpapier?" Der Schreiber schreibt die Lösung auf die entsprechend nummerierte Linie: „In der Ablage rechts neben der Tafel." Anschließend bringt der Läufer die Karte zurück und holt die nächste. Dies wiederholen die Zweierteams so oft, bis sie alle Fragen beantwortet haben. Zum Schluss können die Teams ihre Antworten an der Tafel mithilfe eines Lösungsblattes vergleichen. Wahlweise können die Fragekärtchen an zwei verschiedenen Orten in zweifacher Ausführung angeboten werden, falls Sie eine sehr große Klasse haben. Wichtig ist nur, dass die Teams sich immer nur eine Karte holen, da sonst für die anderen Schüler zu wenig Fragekärtchen übrigbleiben.
Ich habe festgestellt, dass diese Methode den Kindern sehr viel Spaß macht, da sie sich bewegen und so den Raum erkunden und kennenlernen können. Darüber hinaus hat diese Methode einen Wettbewerbscharakter, was die Kinder ohnehin immer sehr mögen.

Kinder übernehmen Verantwortung: Aufgaben und Dienste

Zu unserem Lehrauftrag gehört es, die Kinder in gewisser Hinsicht auch zu erziehen. Dazu zählen unweigerlich die Ausbildung von Selbstständigkeit und die Übernahme von Verantwortung. Auch im Zeugnis zum Arbeits- und Sozialverhalten werden diese auf einer Skala von „sehr ausgeprägt" bis „gering ausgeprägt" in drei Bewertungskategorien beurteilt:

- Selbstständigkeit (Eigeninitiative)
- Verantwortungsbereitschaft (Einsatz für die Gemeinschaft)
- Teamfähigkeit (Übernahme von Verantwortung)

Für den täglichen Unterricht und das Miteinander bedeutet das, dass ich als Lehrkraft in der Pflicht stehe, angemessenes Verhalten von den Schülern einzufordern. Meines Erachtens passiert das viel zu selten. Viele Lehrkräfte erledigen Schüleraufgaben selbst, weil sie der Konfrontation, dem Stress und der Diskussion aus dem Weg gehen und dadurch Zeit einsparen wollen. Jedoch erreichen Sie mit dieser Variante gar nichts, außer, dass Sie die Schüler zu unselbstständigen und verantwortungslosen kleinen Menschen erziehen – genau das Gegenteil von dem, was wir eigentlich erreichen wollen. Dementsprechend setze ich bei der Übernahme von Verantwortung v. a. auf Konsequenz, Regelmäßigkeit, Überprüfung und Lob.
Mit **Konsequenz** ist das konsequente Einfordern der Dienste und Aufgaben gemeint. Fordern Sie die Schüler und lassen Sie die Kinder Aufgaben übernehmen. Haben Sie den Mut, Dinge abzugeben und durch Schülerhand erledigen zu lassen – auch wenn Sie sich erst daran gewöhnen müssen, dass einiges vielleicht nicht so sauber oder ordentlich erledigt wird, wie Sie es getan hätten: Nachbessern können Sie immer noch.

Regelmäßigkeit ist insofern von Bedeutung, als Sie regelmäßig darauf hinweisen müssen, dass Dienste oder Ämter erfüllt werden sollen. Darüber hinaus sollten Dienste auch regelmäßig gewechselt werden. Zum einen, damit jeder einmal in den Genuss eines Dienstes kommt und zum anderen sind einige Ämter aufwändiger als andere.

Ohne eine **Überprüfung** findet selten etwas statt. Das heißt, dass Sie im Blick haben sollten, ob und von wem die Dienste auch tatsächlich erfüllt worden sind. Mir erscheint ein wöchentlicher Wechsel der Dienste sinnvoll. Am Ende jeder Woche sollte besprochen werden, wie die Dienste erledigt wurden und was verbessert werden kann. Legen Sie sich eine Tabelle an, in die Sie eintragen, wer seinen Dienst wie gut erfüllt hat. Dies schafft für die Schüler eine gewisse Verbindlichkeit und verleiht der Aufgabe die nötige Bedeutung.

Bei erfolgreicher Erledigung der Ämter sollte natürlich nie das **Lob** fehlen. Dies kann auch schon zwischendurch immer mal geäußert werden, wenn Ihnen auffällt, dass die ganze Woche immer die Tafel gewischt war oder der Stundenplan angeheftet wurde. Vorstellbar wäre auch, den „Dienst der Woche" oder den „Dienst des Monats" bei der Auswertung mit einer kleinen vorbereiteten Urkunde zu küren (siehe „Veröffentlichungen", S. 17).

Bei der Auswahl der Dienste sollten Sie darauf achten, dass Sie nicht zu viele Ämter einfordern. Dies macht erstens die Überprüfung sehr unübersichtlich und zeitintensiv und zweitens wird es für Sie schwer, darauf zu achten, dass die Schüler ihre Dienste auch wirklich erledigen. Beschränken Sie sich auf sechs bis zehn Ämter und achten Sie hierbei auf eine konsequente Durchführung. Sie können die Anzahl auch zum Anfang der dritten Klasse etwas geringer halten und im Laufe der vierten Klasse erhöhen.

Sie müssen selbst entscheiden, welche Ämter Ihnen wichtig bzw. in Ihrem Klassenraum/in Ihrer Schule von Bedeutung sind. Jemand, der keine Pflanzen im Klassenraum hat, braucht auch kein Blumenamt. Klassen, in denen jeden Tag ein Putzteam zum Fegen kommt, brauchen vielleicht nicht unbedingt einen Fegedienst.

Stellen Sie zu Anfang des Schuljahres Ihre Erwartungen an die einzelnen Dienste vor und rufen Sie diese auch zwischendurch gemeinsam mit der Klasse immer wieder in Erinnerung. So kann das Wesentliche nicht verlorengehen oder in Vergessenheit geraten. Überlegen Sie sich auch, ob der Dienst von einem, zwei oder drei Schülern erledigt werden sollte.

Im Folgenden finden Sie eine Liste mit möglichen Ämtern:

- Blumendienst
- Kehrdienst/Saugedienst
- Ordnungsdienst
- Tischdienst
- Postbote
- Lichtdienst
- Fensterdienst
- Stilledienst
- Frühstückspolizei
- Klassenbuchdienst
- Schlüsseldienst
- Hausaufgabenchef
- Stuhlkreispräsident
- Regaldienst
- Ersatzdienst
- Klassenchef (Klassensprecher)

Führen Sie die Dienste kleinschrittig ein und achten Sie auf Konsequenz, Regelmäßigkeit, Überprüfung und Lob. So können die Ämter Sie entscheidend entlasten, und die Dienste werden für die Kinder zum Selbstläufer.

Kinder wollen arbeiten

Das neue Schuljahr bringt auch für die Schüler immer viel Neues mit sich. Sie sind gespannt, welche neuen Inhalte sie erwarten, freuen sich auf ihre neuen Bücher und sind motiviert zu lernen. Gerade nach den langen Sommerferien sind die Schüler wissbegieriger denn je. Erfahrungsgemäß fragen die Schüler nach den Sommerferien gern: „Wann fangen wir endlich an, in den Büchern zu arbeiten?" Diese Frage werden Sie im Verlauf des weiteren Schuljahres nicht mehr allzu oft hören. Nutzen Sie deshalb diese einmalige Gelegenheit!

Nehmen Sie sich so viel Zeit wie nötig, um alle organisatorischen Fragen und Angelegenheiten zu klären und zu besprechen. Verschwenden Sie jedoch nicht unnötig Zeit und starten Sie relativ schnell mit dem Unterrichtsstoff durch. Das soll natürlich nicht dem widersprechen, was ich unter „Wo ist was? Einrichten und den Raum erkunden" (S. 25 f.) ausgeführt habe, aber selbst eine Raumrallye ist ja schon ein mit Inhalt gefüllter Arbeitsauftrag. Auch sollen sich die Kinder nicht daran gewöhnen, dass in der ersten Woche nach den Sommerferien und in der letzten Woche vor den Sommerferien noch nichts oder nichts mehr in der Schule passiert. Letztendlich kommen die Schüler zum Lernen in die Schule und das Erziehen und die Organisation sind dessen stille Begleiter.

2.2 Rituale

Rituale geben den Schülern Halt und Orientierung. Meines Erachtens empfinden die Kinder Rituale als angenehm, da sie auf diese Weise genau wissen, was sie erwartet und was sie leisten müssen. Das heißt, dass Rituale unter anderem eine erhöhte Transparenz für Abläufe schaffen. Ich habe immer wieder festgestellt, dass sich Lernstoffe durch ritualisierte Methoden oder Automatismen leichter, schneller und besser vermitteln lassen, da sich die Schüler nicht auf das Wie konzentrieren müssen, sondern den Fokus auf das Was legen können.

Genau diese Vorteile können auch Sie in einer hoch ritualisierten Klasse genießen. Auch wenn es anfangs mühsam ist, ein Ritual zu einem zu machen, werden Sie in Kürze davon profitieren. Wissen die Kinder genau, wie eine Methode abläuft oder wie der Tag strukturiert ist, fallen Erklärungen kürzer aus und Sie haben mehr Zeit, sich in den Arbeitsphasen um Ihre Schüler zu kümmern. In automatisierten Phasen ergeben sich für Sie Lücken, in denen Sie sich zurückziehen, beobachten und Kraft tanken können. Auf solche Phasen sollten Sie im Lehrerberuf nicht verzichten.

Rituale des täglichen Miteinanders

Begrüßungslied oder -vers

Bereits die alltägliche morgendliche Begrüßung kann ein Ritual beinhalten. Möglicherweise beginnen Sie den Tag mit einem Guten-Morgen-Lied oder einem Klatschvers, den Sie gemeinsam mit den Schülern erarbeitet haben. In etlichen Büchern oder auch im Internet findet man zahlreiche Lieder, die sich auch als weniger musikalische Lehrkraft durchführen lassen. Zum einen weckt dies verschlafene Kinder noch einmal auf und zum anderen wird jedes Kind gleich zu Anfang des Tages sprachlich aktiv. Besonders bieten sich solche Lieder an, die auch noch Bewegungen erfordern, da so die motorische Komponente sofort mit angesprochen und aktiviert wird.

Ein Lied ist dann voll ritualisiert, wenn Sie beispielsweise nur eine Handbewegung zum Aufstehen oder die erste Bewegung des Liedes oder Verses machen müssen und die Kinder wissen sofort, was kommt.

Achten Sie darauf, dass Sie Lieder und Verse nicht überstrapazieren. Nach einigen wenigen Wochen muss Abwechslung her. Orientieren Sie sich an jahreszeitlichen Liedern und Versen und durchmischen Sie diese regelmäßig.

„Freundliche fünf Minuten“ oder „Warme Dusche“

Wem tut es nicht gut, den Tag mit Komplimenten zu starten?

Die „Freundlichen fünf Minuten“ oder die „Warme Dusche“ sind ein wunderbares und so einfaches Ritual, das meiner Meinung nach in jeden Klassenraum gehört. Es ist dazu da, um positiv zu verstärken, Stärken hervorzuheben und zu loben.

Alles was Sie dazu brauchen, sind Namenskärtchen der Kinder in einer Dose oder einem Beutel, ein Tafelschild mit der Aufschrift „Freundliche fünf Minuten“ oder „Warme Dusche“ und Satzanfänge auf großen Karten.

Ein Kind zieht ein Namenskärtchen aus der Dose oder dem Beutel. Das gezogene Kind wird an diesem Tag die „Freundlichen fünf Minuten“ oder die „Warme Dusche“ erfahren. Das Namensschildchen dieses Kindes wird unter das Tafelschild an die Tafel geheftet. Die übrigen Schüler dürfen dem Mitschüler nun fünf Minuten lang nette, freundliche, zuvorkommende, aber wahre Dinge sagen und Komplimente machen. Sollte doch etwas Negatives gesagt werden, weisen Sie sofort darauf hin, dass dies nicht der passende Zeitpunkt ist. Animieren Sie die Kinder immer wieder, auch etwas zu Kindern zu sagen, mit denen sie vielleicht nicht befreundet sind oder zu denen es schwerer fällt, etwas zu sagen. Geben Sie, wenn nötig, Beispiele. Motivieren Sie die Jungen, etwas Nettes zu den Mädchen zu sagen und anders herum. Die Satzanfänge kommen dann zum Einsatz, wenn Sie bemerken, dass die Schüler die Sätze stets gleich beginnen (z. B. mit „Ich finde …“). In so einem Fall würde ich einen der Satzanfänge hochhalten, den die Kinder bei ihrer nächsten Aussage benutzen müssten. Mögliche Satzanfänge können sein:

- Ich mag an dir …
- Du bist …
- Ich finde …
- Du bist gut in …
- Super, dass du …
- Du kannst gut …
- Toll, dass du …
- Ich genieße …
- Schön, dass du …
- Ich bewundere, dass …
- Ich liebe …
- Ich schätze an dir …

Am nächsten Tag zieht dann das Kind, dessen Name an der Tafel unter dem Tafelschild hängt, den nächsten Schüler.

Sammeln Sie die Namenskärtchen der Schüler, die bereits an der Reihe waren, in einem separaten Gefäß. So ist garantiert, dass zuerst alle Schüler die „Freundlichen fünf Minuten“ oder die „Warme Dusche“ genießen können, bevor ein Schüler möglicherweise doppelt gezogen wird.

Denken Sie daran, dass auch Sie etwas Nettes über den jeweiligen Schüler sagen und dass auch Ihr Namenskärtchen mit in die Dose oder den Beutel kommt.

Die Kinder legen großen Wert darauf, dass auch Sie irgendwann einmal an der Reihe sind. Und was soll ich Ihnen sagen? Es tut wahnsinnig gut, solch nette Rückmeldungen zu erhalten.

Gute-Taten-Leine

Die Gute-Taten-Leine ist quasi als Gegenstück zur Klagemauer zu sehen (siehe „Klassenrat & Co“, S. 71). Für die Gute-Taten-Leine brauchen Sie eigentlich nur eine gespannte Leine, die die Kinder problemlos erreichen können und ein paar kopierte Gute-Taten-Schilder.

An die Gute-Taten-Leine können sowohl die Schüler als auch Sie und andere Kollegen gute Taten der Schüler auf Karten vermerkt hängen. Als Karte dient ein DIN-A4-Blatt, das in der Mitte einmal gefaltet wird, so dass man ein DIN-A5-Format erhält. Nun werden Name und Tat des Begünstigten eingetragen und das Schild wird über die Leine gehängt. Die Veröffentlichung der guten Taten soll zum einen dazu beitragen, die Kinder zu loben und die Taten zu würdigen und zum anderen den Mitschülern Vorbild für mögliches und wünschenswertes Handeln sein.
Die guten Taten können jederzeit von allen Schülern durchgelesen und bewundert werden, sollten aber darüber hinaus auch im Klassenrat noch einmal hervorgehoben werden.

Morgenkreis und Klassenrat

Der Morgenkreis und der Klassenrat sind zwei Unterrichtsstunden, die automatisiert und ritualisiert ablaufen können. Natürlich brauchen diese beiden Rituale ein wenig Zeit, bis sie bei den Kindern als Automatismus abgerufen werden können und somit zum Selbstläufer werden. Ist das jedoch der Fall, sind dies bereits zwei Stunden, die Sie nicht extra vorbereiten müssen. Außerdem fordern die Kinder diese beiden Stunden bei Ihnen ein. Sie sind meist sehr unglücklich, wenn aufgrund von Stundenplanänderungen solch eine Stunde wegfällt. Einerseits liegt das daran, dass ihnen hier Zeit und Raum gegeben wird, ihre Sorgen oder Beschwerden zu äußern und andererseits wissen sie genau, was sie erwartet. Sie sind mit den Abläufen vertraut und können sich entspannen (siehe ausführlicher „Morgenkreis, Klassenrat & Co“, S. 68–72).

Geburtstage feiern

Gerade wenn Kindern besondere Aufmerksamkeit geschenkt wird, wie z. B. an ihrem Geburtstag, achten die Mitschüler ganz genau darauf, dass dies bei jedem Kind gleich abläuft. Das bedeutet, Ihnen bleibt bei Klassengeburtstagen gar nichts anderes übrig, als diese ritualisiert zu feiern. Eigentlich kann man als Lehrkraft über die Konditionierung der Kinder auf Rituale nur froh sein, da dies impliziert, dass Sie sich nicht ständig etwas Neues ausdenken müssen. Wie dies genau aussehen kann, wird im Abschnitt „Geburtstagsrituale“ (S. 51 f.) näher erläutert.

Ausflugsrituale

Ausflüge werden von den meisten Lehrkräften als recht anstrengend und kräftezehrend beurteilt, da man außerhalb der Schule in der Öffentlichkeit auf mehr als 20 Kinder gleichermaßen aufpassen muss. Das müssen sie aber nicht sein – Rituale können hier als stille Unterstützer und Begleiter helfen (siehe „Ausflüge und Feste“, S. 52 f.).
Auch hier gilt: Wiederkehrende Muster werden von den Schülern verinnerlicht und irgendwann eingehalten.

Dienste und Ämter

Wie bereits im Kapitel „Kinder übernehmen Verantwortung: Aufgaben und Dienste“ (S. 26 f.) ausführlich dargelegt, sollte auch die Ausführung von Diensten ritualisiert ablaufen. Hier ist weniger von Bedeutung, dass die Schüler den Dienst nach einem bestimmten Muster erledigen, sondern vielmehr, dass die Erledigung des Dienstes und die Erinnerung daran automatisiert wird.
So wie es für uns zu einem Ritual geworden ist, jeden Donnerstag beispielsweise das Bad zu putzen oder mittwochs Wäsche zu waschen, sollen die Kinder dahin kommen, dass der Blumendienst jeden Freitag Blumen gießt. Funktioniert die Ausführung der Ämter ohne Ihr Zutun, war die Ritualisierung erfolgreich.

Rituale statt Stimme

Die Stimme ist im Grunde genommen das wichtigste Instrument eines Lehrers. Es kommt so oft vor, dass Lehrer heiser sind oder noch schlimmer, dass sich Knötchen auf den Stimmbändern bilden. Das bedeutet, dass Sie Ihre Stimme so gut es geht und so oft es geht schonen sollten. Auch einige Rituale lassen sich als „Stimmschoner" einsetzen.

Abwarten

Ein beliebter Fehler, den vor allem Berufsanfänger immer wieder gern machen, ist, in Unruhe hineinzusprechen. Es gibt aber auch erfahrene Lehrer, die sich mit Sicherheit ab und zu dabei erwischen, die Kinder übertönen zu wollen. Das Problem dabei ist meist, dass der Lehrer im Hinterkopf hat, was in dieser Stunde alles erledigt werden muss und zu ungeduldig ist, in Ruhe abzuwarten. Dies sollte und kann man lernen. Anfangs ist es schwer, die lange Zeit bis auch der Letzte aufhört zu quatschen und still sitzt, auszuhalten. Es ist jedoch für Sie viel angenehmer, eine Stunde erst dann zu beginnen, wenn alle Schüler Ihnen Aufmerksamkeit schenken. Solange Kinder noch in der Mappe kramen, ist es schier unmöglich, mit voller Konzentration dem Unterricht zu folgen.

Ihre Erscheinung im vorderen Teil des Klassenraumes reicht meist schon aus, um die Aufmerksamkeit auf sich zu ziehen. Verlieren Sie nicht den Mut, dieses Ritual ausgiebig zu üben – es zahlt sich später aus. Der Vorteil ist, dass Sie dafür nur sich selbst und Geduld benötigen.

Gong oder Klangschale

Ein weiterer Stimmentlaster ist ein Gong, eine Klangschale oder aber auch eine Klingel. Ich bevorzuge die Variante des Gongs oder der Klangschale, da diese subtiler als eine Klingel sind.

Besprechen Sie zu Beginn des Schuljahres ganz deutlich mit den Kindern, was das Ertönen des Gongs meint. Merken Sie zwischendurch, dass die Kinder nicht auf das Erklingen des Gongs reagieren, unterbrechen Sie den Unterricht. Fragen Sie erneut bei den Schülern nach, was das Ertönen des Gongs bedeutet.

Es ist sinnvoll, zwischen unterschiedlichen Gongschlägen zu unterscheiden:

- ein Gongschlag: leiser werden, es ist zu laut
- zwei Gongschläge: alles aus der Hand legen, nach vorn schauen und leise sein

Achten Sie darauf, dass Sie nicht zu viele unterschiedliche Schläge einführen, sonst ist die Verwirrung groß. Mit den zwei oben genannten kamen meine Schüler bisher immer wunderbar zurecht.

Darüber hinaus sollten Sie sich selbst zügeln, den Gong zu missbrauchen. Das heißt, ein ständiges oder zu häufiges Betätigen des Gongs entwertet die Wichtigkeit dessen. Nutzen Sie diesen also wirklich nur dann, wenn eine der oben aufgeführten Situationen eintritt. Auch die Schüler sollten nur in Ausnahmefällen den Gong selbstständig betätigen. Solch eine Ausnahmeregelung erhalten z. B. der Stilledienst und der Stuhlkreispräsident. Ansonsten ist der Gong Instrument des Lehrers.

Sind Sie noch beim Einführen dieses Rituals, hilft es auch, wenn Sie Kinder, die auf den Gong reagieren, laut benennen und somit loben. Meist zieht das die Aufmerksamkeit der anderen Schüler nach sich. Sollte es Schüler geben, die bei zweimaligem Ertönen des Gongs immer noch schreiben oder etwas in der Hand haben, warten Sie auf diese! Auch hier ist Konsequenz gefragt, sonst lassen sich Rituale nur schwer etablieren.

Schnee- oder Glitterkugel

Die Schnee- oder Glitterkugel kommt vor allem in Partner- oder Gruppenarbeitsphasen zum Einsatz. Sollte es in diesen Arbeitsphasen zu laut werden, wird die Schnee- oder Glitterkugel einmal umgedreht. Gehen Sie mit der Kugel von Tisch zu Tisch oder von Paar zu Paar, um zu signalisieren, dass es momentan zu laut ist. Die Schüler haben nun so lange Zeit, leiser zu werden, bis der Schnee oder Glitter wieder auf dem Boden liegt. Handelt es sich dabei nur um eine einzige Gruppe oder um ein einziges Paar, kann die Schnee- oder Glitterkugel auch auf dem Tisch abgestellt werden, um zu verdeutlichen, dass genau dieser Tisch oder dieses Paar gerade sehr laut ist. Sollte dieses Vorgehen keinen Erfolg zeigen, muss entweder zu einer weiteren Ermahnungsrunde oder aber zu einer Disziplinierungsmaßnahme gegriffen werden.

Flüsterton, Leisefuchs und Zeichensprache

Alle drei Rituale sind optimal geeignet, um seine Stimme vor zu hoher Belastung zu schützen.

Der **Flüsterton** fordert zwar Ihren Stimmeinsatz, aber dafür in stark geminderter Lautstärke. Wenn Sie flüstern, müssen die Kinder automatisch leiser werden, um überhaupt zu verstehen, was Sie sagen. Noch ein wenig anspruchsvoller ist es, wenn Sie von den Kindern verlangen, Ihnen von den Lippen abzulesen. Beides funktioniert meiner Erfahrung nach gut und hat meist ein sehr schnelles Zur-Ruhe-kommen zur Folge.

Die Meinungen zum **Leisefuchs** (Hand zu einem Fuchs formen) sind gespalten. Sollten Sie kein Verfechter des Leisefuchses sein, kann alternativ z. B. ein Arm in die Höhe gestreckt werden, während der Zeigefinger des anderen Armes auf den Mund gelegt wird. Meist kennen die Schüler bereits aus der ersten und zweiten Klasse eines von beiden Symbolen. Es ist natürlich sinnvoll, daran anzuknüpfen. Letztendlich ist es vollkommen gleich, welche Bewegung Sie machen, die Nachricht bleibt die Gleiche: Ohren auf, Mund zu! Der Leisefuchs ist beispielsweise gut einsetzbar, wenn Sie gerade zwei Mal gegongt haben und darum bitten, dass die Kinder alles aus der Hand legen. Verlangen Sie von den Kindern diese Bewegung nachzuahmen, denn so kann wirklich kein Kind mehr etwas in der Hand halten.

Dem schließt sich die **Zeichensprache** an. Auch hier benötigen Sie im besten Fall vorher Ruhe, die Sie sich mithilfe des Gongs verschaffen können. Möchten Sie z. B., dass die Kinder ihre Materialien einpacken, stellen Sie dies durch Zeichensprache dar. Nehmen Sie die Hefte eines Schülers und tun Sie so, als ob Sie diese in seiner Mappe verstauen. Auch wenn diese Geste nur von einem einzigen Schüler verstanden wird – die anderen werden nachziehen.

Einsatz von Bildern und Piktogrammen

Für die meisten erwünschten Handlungen gibt es heutzutage entsprechende Bilder und Piktogramme. Warum nicht diese nutzen anstelle Ihrer Stimme?

Sollen die Schüler z. B. ihre Postmappe herausholen, pinnen Sie einfach ein Piktogramm der Postmappe an die Tafel. Soll das Frühstück der Schüler in der Mappe verschwinden, reichen ein Bild von Frühstück und Mappe aus, um den Schülern deutlich zu machen, was sie tun sollen. Natürlich dauert es eine Weile, bis Sie sich einen kleinen Fundus an Bildern und Piktogrammen angelegt haben, aber es lohnt sich. Vor allem sind diese laminiert immer wieder einsetzbar.

Sollten Sie beabsichtigen, mit Piktogrammen zu arbeiten, denken Sie daran, dass auch das Lesen von Bildern geübt werden muss. Das bedeutet, dass den Kindern die Übersetzung der Bilder vorher klar sein muss. Daher gilt: Erst besprechen, dann vermehrt einsetzen, später profitieren und die eigene Stimme schonen.

Die Kerze

Die Kerze ist ein wunderbarer stummer Impuls, der insbesondere olfaktorische und visuelle Lerntypen anspricht.

Dazu sollte eine große Kerze in einem Windlichtglas vorn bei Ihnen auf dem Tisch für alle sichtbar aufgestellt werden. Das Entzünden der Kerze kann bedeuten: Tische aufräumen, Materialien wegräumen, hinsetzen und Blick nach vorn. Bei voller Ritualisierung dieser Handlung erinnern sich die Schüler gegenseitig, was zu tun ist. Alles was Sie machen müssen, ist abwarten, bis jeder wieder an seinen Platz zurückgekehrt ist – ganz ohne zu sprechen.

Wichtig ist auch hier, dass das ausgiebige Üben dieses Rituals notwendig ist und dass das Anzünden der Kerze nicht automatisch auch das Ende der Stunde, sondern lediglich das Aufräumen meint.

Außerdem bietet sich dieses Ritual sehr gut an, um noch einmal die Gefahren von Feuer und die Vorsichtsmaßnahmen beim Auspusten einer Kerze mit den Kindern zu besprechen.

Musik

Auch Musik kann Ihre Stimme wunderbar ersetzen.

Zum einen kann Musik zur Entspannung im Hintergrund in Arbeitsphasen laufen. Dies hat zur Folge, dass die Schüler meist ruhiger arbeiten und sich ganz auf sich konzentrieren können. Hier sollte jedoch auf die Auswahl der Musik geachtet werden. Es empfiehlt sich, tatsächliche Entspannungsmusik, wie z. B. Meeresrauschen, Wind oder Klassikmusik zu verwenden. Darüber hinaus lässt sich Entspannungsmusik natürlich nicht in jeder Sozialform einsetzen. Bei einer Gruppenarbeit würde eine zusätzliche Geräuschquelle eher stören als unterstützen. In Einzel- oder Partnerarbeitsphasen kann Musik sehr hilfreich sein, um eine gewisse Ruhe und Sprechlautstärke zu forcieren. Probieren Sie es aus – nicht jede Klasse arbeitet gut mit Hintergrundmusik.

Zum anderen kann Musik auch Phasen einläuten. Der „Hummelflug" von Nikolai Rimski-Korsakow ist z. B. eine wunderbare Aufräummusik.

Smiley = Sitzkreis

Einen Sitz- oder Stuhlkreis durch Schüler aufbauen zu lassen, kann oft und schnell im Chaos enden. Deshalb ist die Organisation eines Sitzkreises bei den Schülern meiner Klasse ebenfalls ritualisiert. Dies erfolgt mithilfe eines an der Tafel nach und nach entstehenden Smileys. Die Entstehung des Smileys deckt sich mit dem Aufbau des Sitzkreises. Im Detail bedeutet dies, dass Sie die Schüler vorher in „rechtes Auge", „linkes Auge", „Nase", „Mund", „Haare"/„Ohren" einteilen müssen. Malen Sie nun einen Kreis an die Tafel. Dies impliziert bei den Schülern bereits, dass Sie sich im Folgenden in einen Sitzkreis setzen sollen. Während Sie nun die Augen, Nase, Mund und Ohren anmalen, kommen die Schüler nach und nach in den Sitzkreis, je nachdem, welchem Gesichtsteil sie zugeordnet wurden. Legen Sie vorher eine Teppichfliese aus oder stellen Sie einen Stuhl bereit, um zu verdeutlichen, wo Sie sitzen werden. Wichtig ist, dass die Schüler, die als Erste in den Sitzkreis kommen, direkt neben Ihnen Platz nehmen. Alle weiteren Schüler sollten dann ordentlich aufschließen. Des Weiteren darf beim Auf- und Abbau des Sitzkreises nicht gesprochen werden.

Das Auflösen des Sitzkreises kann in umgekehrter Reihenfolge, also durch das Wegwischen der einzelnen Gesichtsteile, vonstattengehen.

Rituale strukturieren den Tag

Datum besprechen

Gerade bei jüngeren Schülern stelle ich immer wieder fest, dass die Wochentage, Monate und Jahreszeiten noch nicht richtig gefestigt sind. Dazu bietet sich folgendes Ritual an. Kaufen Sie sich einen Ganzjahreskalender für die Tafel, der aus einzelnen Karten besteht. Dieser eignet sich wunderbar, um täglich das Datum mit den Kindern zu besprechen. So wird die Stunde beispielsweise mit der Frage „Welches Datum haben wir heute?“ eröffnet. Gleichzeitig können Sie das Datum an die Tafel in die dafür vorgesehene Ecke heften. Weitere Fragen schließen sich an:

- Welcher Tag ist heute?
- Welcher Tag war gestern/vorgestern?
- Welcher Tag ist morgen/übermorgen?
- Welche Jahreszeit haben wir gerade?

Die meisten Ganzjahreskalender beinhalten auch Karten zum Wetter. Auch dieses lässt sich in dieser Phase optimal einbeziehen und benennen. Man könnte sogar überlegen, ob man einen Wetterdienst, der jeden Morgen im Internet das Wetter für den Tag nachschaut, fest installiert.

Ist das Datum an der Tafel angebracht worden, lasse ich es zur Schulung der phonologischen Bewusstheit immer klatschen: „Heute ist Donnerstag, der 9. Juli 2015.“ Eingeleitet wird dies mit der Aussage: „Wir klatschen das Datum.“ Die Kinder führen es dann einmal in normaler, einmal in leiser und einmal in stummer (nur klatschen, ohne vorzusprechen) Lautstärke durch. Im besten Fall müssen Sie nach Einleitung des Rituals gar nicht mehr mitmachen.

Stundenplan besprechen

Wie bereits zuvor erwähnt, ist es sehr hilfreich, wenn der tägliche Stundenplan irgendwo im Klassenraum einmal in vergrößerter Form aushängt.
Bei mir ist der Stundenplan immer in Form von Zeichen und Symbolen (pro Fach ein bestimmtes Symbol) an der Tafel angebracht. Auch die Zeiten und Pausen werden abgebildet. Ich frage die Kinder dementsprechend: „Was erwartet uns heute noch in der Schule?“ Die Schüler gehen dann den Stundenplan durch und nennen die entsprechenden Fächer. Danach sage ich den Kindern (für meine Fächer), was ich für die einzelnen Stunden geplant habe. An dieser Stelle können auch Ausfälle, Verlegungen von Stunden und Vertretungen besprochen, angesagt und neben dem Stundenplan notiert werden. Ein großer Magnet neben dem Stundenplan kann mit Verlauf des Tages immer zur nächsten Stunde hinuntergeschoben werden.
Den Kindern bietet dies Transparenz und Einblick in die kommenden Stunden. Sie haben den Fahrplan jederzeit vor Augen und wissen, welches Material sie als nächstes bereitlegen und worauf sie sich einstellen müssen.
Sollten Sie einmal nicht in der ersten Stunde in Ihrer Klasse Unterricht haben, kann dies auch in der zweiten oder dritten Stunde durchaus noch durchgeführt werden. Eine spätere Orientierung ist besser als gar keine.

Frühstücksritual

Grundsätzlich greifen wir in der Schule oftmals Dinge auf, die zu Hause versäumt werden – warum nicht also auch das gemeinsame Frühstücken? Legen Sie eine Pause oder einen Teil einer bestimmten Stunde fest, in der gefrühstückt wird, insofern dies an Ihrer

Schule nicht ohnehin schon etabliert ist. Dazu bieten sich beispielsweise die ersten zehn Minuten nach der ersten Hofpause oder die letzten zehn Minuten der zweiten Stunde (vor der Hofpause) an.
Legen Sie gemeinsam mit den Kindern Regeln für das Frühstück fest. Solche können sein:

Sowohl waschbare Stoffsets, als auch abwischbare Plastiksets eignen sich als Unterlage. Auch laminierte selbstgestaltete DIN-A3-Sets können hier Verwendung finden. Die Kinder setzen sich dann automatisch an ihren Platz und holen ihr Frühstück heraus. Womit wir schon bei einer nächsten wichtigen Regel sind: Das Herumlaufen während des Frühstücks ist untersagt! Vom Tisch steht man ja auch nicht einfach auf und geht spazieren. Außerdem sollte eine Lautstärke während des Frühstücks herrschen, die für alle gleichermaßen gut erträglich ist. Sollten Sie eine unruhige Klasse haben, bietet sich diese Zeit auch an, um den Kindern etwas vorzulesen oder ein Hörspiel einzulegen. Um das Aufräumen zum Ende der Frühstückspause einzuleiten, kann die Kerze angezündet werden.

Süßigkeitenfreier Tag

Kinder lieben Süßigkeiten – am besten immer und in Massen. Der süßigkeitenfreie Tag bewährt sich in meinen Klassen trotzdem immer, die Kinder stehen tatsächlich dahinter und freuen sich auf diesen Tag.
Besprechen Sie nach Möglichkeit auf dem ersten Elternabend mit den Eltern, dass Sie einen solchen süßigkeitenfreien Tag gern in der Klasse einrichten möchten. Legen Sie den Eltern auch ganz deutlich dar, was dies bedeutet:

- Die Mitgabe von Süßem ist an diesem Tag untersagt.
- Süße und ungesunde Brotaufstriche sollen vermieden werden.
- Extrem zuckerhaltige Getränke bleiben zu Hause (z. B. Limonade, Apfelschorle – vielen Eltern ist nicht bewusst, wie viel Zucker z. B. eine Apfelschorle beinhaltet).
- Ungesunde Brotsorten (z. B. Toastbrot) sollten durch gesunde ersetzt werden.

Legen Sie dann einen Tag in der Woche fest, der für Sie vom Stundenplan her gut passt – an diesem Tag ist für alle süßigkeitenfreier Tag. Achten Sie darauf, dass auch Sie diesen Tag einhalten und als Vorbild fungieren.

Schließlich geht in der Frühstückspause die Frühstückspolizei herum und schaut sich das Frühstück aller Kinder an. Dieses Amt können Sie zu Anfang übernehmen, es dann aber später an die Kinder abgeben. Die Frühstückspolizei sammelt alle ungesunden und zuckerhaltigen Speisen und Getränke ein. Ich habe immer Becher, Mineralwasser, Knäckebrot und Reiswaffeln in der Klasse, sodass die Kinder, die etwas abgeben mussten, den Tag über nicht hungern müssen. Während die Kinder frühstücken, bietet es sich an, mit ihnen zu besprechen, warum gewisse Lebensmittel ungesund sind und diese zu benennen. Die eingesammelten Lebensmittel und Getränke bekommen die Kinder (je nach Haltbarkeit) am Ende des Schultages oder am nächsten Tag zurück.
Ziel ist es, dass die Kinder auch selbst an den süßigkeitenfreien Tag denken, dieser also fest in ihren Wochen- bzw. Tagesablauf übernommen wird und somit ritualisiert ist.

Gesundes Frühstück

Das gesunde Frühstück kann optimal mit dem süßigkeitenfreien Tag kombiniert werden. Beides kann jedoch auch unabhängig voneinander eingesetzt werden. Für das gesunde Frühstück sind Sie allerdings auf die Hilfe und Mitarbeit der Eltern angewiesen. Wie oft Sie solch einen Tag durchführen, ob wöchentlich, alle zwei Wochen oder monatlich, hängt von der Bereitschaft der Eltern ab.
Ein gesundes Frühstück bedeutet, dass die Eltern zu Hause Teller mit geschnittenem Obst, Gemüse und Nüssen vorbereiten. Sollten Sie Gruppentische haben, fordern Sie die entsprechende Anzahl an Tellern an. Sollten die Tische einzeln stehen, kann das gesunde Frühstück auch zentral aufgebaut werden. In diesem Fall müssen Sie den Kindern erlauben, während des Frühstücks aufzustehen, um sich dort zu bedienen. Achten Sie darauf, dass nicht alle Kinder gleichzeitig loslaufen, sondern teilen Sie sie vorher ein.
Die Obst- und Gemüseteller werden morgens vom betreffenden Kind mit in die Schule gebracht und stehen den Schülern in der Frühstückspause als gesunder Snack zur Verfügung. Ist Obst oder Gemüse erst einmal mundgerecht zugeschnitten, greifen die meisten Kinder gern zu.
Auch dies besprechen Sie gleich beim ersten Elternabend mit den Eltern. Äußern Sie in aller Deutlichkeit, was „zugeschnittenes und mundgerechtes Obst und Gemüse auf Tellern verteilt" bedeutet. Ich habe auch schon die Erfahrung gemacht, dass Eltern mir morgens ganze Melonen, Äpfel, Bananen, Gurken usw. ohne Teller und Messer in die Schule geschickt haben. Bringen Sie klar zum Ausdruck, dass Sie keine Zeit haben, morgens Obst und Gemüse zu schneiden und dass das gesunde Frühstück in so einem Fall ausfallen muss.
Wenn man den Eltern vorrechnet, dass sie in einem Schuljahr maximal ein bis zwei Mal mit der Zubereitung eines gesunden Frühstücks beauftragt werden, sind die meisten Eltern auch damit einverstanden. Geben Sie auf dem Elternabend eine Liste herum, in die die Eltern sich eintragen können.

Materialien bereitlegen

Der Tagesablauf wird für die Kinder auch dadurch strukturiert, wenn sie vor den Stunden immer wieder dazu angehalten werden, ihre Materialien auf dem Tisch zu platzieren und nicht Benötigtes wegzusortieren. Verinnerlicht ist ein solches Ritual dann, wenn dies ohne Ihr Zutun (auch in anderen Fächern) klappt (siehe „2.3 Einführung der Materialien", S. 39 f.).

Rituale erleichtern das Lernen

Methoden ritualisieren

Im Rahmenlehrplan jeden Faches wird die Methodenkompetenz der Schüler erwähnt und näher beschrieben – d. h., dass diese in der Schule ausgebildet werden muss.
Wie bereits zuvor ausgeführt, sind ritualisierte Methoden sowohl für Sie als auch für die Schüler von großem Vorteil. Weder Sie noch Ihre Schüler müssen dann beim Einsatz von bestimmten Methoden über eine sinnvolle Erklärung oder die richtige Durchführung nachdenken – sie haben den Kopf frei für das inhaltliche Lernen. Durch den Verzicht auf lange Erklärungen und Einführungen haben die Kinder mehr effektive Arbeitszeit. Kostbare Lernzeit geht nicht durch das Erlernen einer Methode verloren. Wie bei allen Ritualen funktioniert dies nicht von heute auf morgen – Methoden sollten sinnvoll von Ihnen ausgewählt und kleinschrittig eingeführt werden. Sie unterscheiden sich je nach Lehrerpersönlichkeit und Klassenzusammensetzung.

Gleiche Rückmeldeformen etablieren

An die Ritualisierung der Methoden schließt sich auch die Ritualisierung der Rückmeldekultur an. Damit ist gemeint, immer wieder die gleiche Rückmeldeform für den gleichen Unterrichtsinhalt zu verwenden: Bewerten Sie die Arbeit des Stuhlkreispräsidenten jede Woche mit der Drei-Finger-Einschätzung, gehaltene Referate immer mit einer Feedbackzielscheibe oder eingesetzte Methoden immer mit der Rot-Grün-Abfrage, sollten Sie dies auch beibehalten. Sind die verschiedenen Rückmeldeformen den Schülern bekannt, müssen Sie quasi nur noch drei Finger in die Luft strecken, die Zielscheibe an die Tafel heften oder eine rote bzw. eine grüne Karte hochhalten. Die Schüler wissen dann von selbst, was Sie erwarten.
Sind solche Rückmeldeformen erst einmal ritualisiert, können Sie innerhalb von Minuten ein fundiertes Feedback durch die Schüler erwirken. Da Feedback meist zu kurz kommt bzw. keine Zeit dafür bleibt, sind ritualisierte Rückmeldeformen eigentlich unverzichtbar. Auch hier gilt: Übung macht den Meister! Das Rückmelden muss einige Zeit geübt werden, bevor es einwandfrei funktioniert (siehe „5.3 Feedbackkultur angemessen ausbilden“, S. 92 f.).

Sozial- und Organisationsformen wiederholen

Auch dieser Punkt hängt mit den beiden vorhergehenden Abschnitten zusammen. Findet das Vorlesen der Wochenendgeschichte immer in Kleingruppen statt, wird das Vergleichen von Arbeitsergebnissen immer mit einem Partner erledigt, werden Kunstbilder immer draußen auf dem Flur abgelegt und getrocknet und werden Rückläufer immer im Postfach für den Lehrer gesammelt, dann sollte dies auch in Zukunft so bleiben.
Behalten Sie für bestimmte unterrichtliche Phasen die gleichen Sozialformen und für organisatorische Fragen ein und dieselben Organisationsformen bei, dann erfahren Sie als Lehrkraft einen wesentlich entspannteren Stundenverlauf. Die Kinder wissen vorher schon, was sie zu tun haben. Keine 25 Kinder kommen nach vorn und fragen, wo sie das Kunstbild hinlegen sollen. Dies garantiert einen reibungsloseren Stundenverlauf sowohl für die Kinder als auch für Sie.

Transparenz der Stundenverläufe

Nehmen wir an Fortbildungen teil, erhalten wir vorher meistens nicht viel mehr, als ein paar Informationen über Referenten, Zeit, Dauer und Thema. Wir wissen weder was genau uns erwartet, noch wie sich die kommenden drei Stunden strukturieren und gliedern werden. Das verunsichert und lässt nur hoffen, dass die Fortbildung ihren Nutzen bringt und ihren Zweck erfüllt. Hätten gewisse Informationen bereits früher vorgelegen, hätten wir uns vielleicht dazu entschlossen, diese Fortbildung nicht oder gerade deshalb zu besuchen. Der gleiche Effekt stellt sich meiner Meinung nach bei den Kindern ein. Damit will ich nicht sagen, dass die Kinder gehen können, wenn ihnen ein Stundenthema nicht passt, aber auch sie wissen gerne schon vorher, was sie erwartet und in welcher Form der Unterricht ablaufen wird. So können sie sich während der Stunde orientieren. Machen Sie Ihr Vorhaben transparent. Lassen Sie die Kinder teilhaben und gegebenenfalls mitbestimmen. Gerade lernschwachen Kindern gibt dies besonderen Halt und Orientierung.

Gewöhnen Sie sich einfach an, zu Beginn der Stunde an eine dafür vorgesehene Seite der Tafel den Fahrplan für die Stunde anzuschreiben und heften Sie z.B. Piktogramme für eventuelle Sozial- oder Methodenformen daneben. Oder machen Sie kleine Zeichnungen neben die einzelnen Schritte, um zu verdeutlichen, was hier verlangt wird.

Der Ablauf wird möglichst schülerzentriert durch ein Kind am Anfang der Stunde kurz vorgestellt und bleibt für alle sichtbar an der Tafel stehen. Auch hier bietet es sich an, einen Magneten Schritt für Schritt nach unten zu schieben. Dies verdeutlicht, in welcher Phase die Schüler gerade arbeiten. Ein möglicher Fahrplan könnte wie folgt aussehen:

1. Vers: Mein bester Spielgesell.
2. Meine Kuscheltiere bekommen Besuch.
3. Ab ins Dunkle.
4. Experimentieren.
5. Ergebnisse zusammentragen.

Des Weiteren besteht die Möglichkeit, nur bestimmte Phasen durch Verlaufspläne kleinschrittig darzustellen. Führen Sie z.B. im Fach Kunst eine neue Technik ein, welche mehrere Schritte in einer bestimmten Reihenfolge verlangt, kann weder ein Erwachsener noch ein Kind sich diese alle merken. Außerdem steht eine relativ lange schülerzentrierte und selbstständige Phase bevor, in der es von Vorteil ist, wenn sich die Schüler zwischendurch über Abläufe rückversichern können:

1. Schneide einen Körper des Weihnachtsmannes, zwei Bärte und zwei Gesichter aus.
2. Male dem Weihnachtsmann eine rote Nase und einen weißen Bart.
3. Klebe zuerst die Bärte von vorn und hinten auf den Körper.
4. Klebe anschließend die Gesichter auf die Bärte.
5. Befestige auf jeder Seite zwei Wackelaugen (vorn und hinten).
6. Zuletzt kannst du dem Weihnachtsmann einen weißen Bommel auf die Mütze kleben.
7. Vergiss deinen Namen nicht.

Sollte Ihnen die Zeit zwischen den Stunden für die Erstellung eines solchen Fahrplans zu knapp sein, können Sie diese auch zu Hause am Computer tippen und dann in der Schule vergrößern und an die Tafel hängen. Manchmal ist es auch sinnvoll, dass solche Schritt-für-Schritt-Erklärungen mit den Kindern zusammen während des Erklärens an der Tafel entstehen. Entscheiden Sie je nach Thema selbst!

Ähnliche Aufgabenformate wählen

Mit immer wiederkehrenden Aufgabenformaten verhält es sich genauso wie mit Methoden. Werden bestimmte Dinge immer wieder mit dem gleichen Übungsmuster geübt, kann man sich eher auf den Gegenstand konzentrieren, als auf das Format.

Als Beispiel bietet sich hierfür die Wochenplanarbeit an (siehe „Wochenplan", S. 72f.). Bekommen die Schüler beispielsweise alle zwei Wochen einen neuen Wochenplan im Fach Deutsch und ist dieser jedes Mal gleich aufgebaut, können die Kinder meines Erachtens effektiver daran arbeiten. Die Kinder wissen genau, was ihnen bei den Wochenplanaufgaben abverlangt wird und können sofort damit anfangen. Langes Überlegen, Unsicherheit und zögerliches Nachfragen fallen bei einer ritualisierten Wochenplanarbeit weg.

Schreiben die Kinder beispielsweise in jedem Wochenplan den Übungstext als Wendediktat ins Heft ab, wird sich dieses Vorgehen beim vierten oder fünften Mal verselbstständigt haben und schneller vonstattengehen (auch wenn der Text jedes Mal ein anderer ist).

Auch die damit im Wochenplan verankerten Hausaufgaben sind immer wieder die gleichen (z. B.: „Schreibe die neuen Lernwörter.", „Schreibe und male vom Wochenende."). Das bedeutet, dass auch diese von den Kindern automatisiert werden, indem Sie z. B. die Lernwörter immer am gleichen Tag schreiben. Einige Kinder verinnerlichen den Wochenplan so stark, dass sie für sich eine individuelle Reihenfolge festgelegt haben, in der sie den Wochenplan abarbeiten. Dies entspricht natürlich dem Optimum, das man als Lehrkraft erreichen kann, lässt sich aber nicht für jeden Schüler realisieren.

Wer die Wochenplanarbeit nicht favorisiert, kann ähnliche Aufgabenformate auch anders wählen. Zu berücksichtigen ist hierbei nur der wiederkehrende Rhythmus. Der eintönige Tonus mag uns vielleicht langweilig erscheinen, ist aber durchaus effektiv. Bereits Kleinkinder wollen Spiele immer wieder spielen, weil sie mit jeder Wiederholung mehr Übung erhalten und Erfolgserlebnisse verzeichnen – dies sollte (natürlich durchbrochen von Abwechslung und Neuem) beibehalten werden.

Regelmäßige Tests oder Lernzielkontrollen

Das Abprüfen von Unterrichtsinhalten bedeutet für viele Kinder Stress, Angst und Unsicherheit. Warum können wir diesen Kindern nicht entgegenkommen und durch regelmäßige Überprüfungen eine Art Rhythmus in den Köpfen der Kinder etablieren? So gewähren Sie den Kindern einerseits ausreichend Übungszeit und andererseits mentale Vorbereitungszeit.

Setzen Sie beispielsweise alle zwei Wochen donnerstags ein Übungsdiktat oder jede Woche Mittwoch einen kleinen Mathetest an. Die Kinder werden es Ihnen mit Sicherheit danken, denn sie können sich zielgerichtet darauf vorbereiten. Überraschungstests oder zu kurz vorher angekündigte Tests verursachen gerade bei sensiblen Kindern oftmals Bauchschmerzen.

Ihr Ziel haben Sie dann erreicht, wenn die Kinder Sie bereits am Donnerstagmorgen auf das bevorstehende Diktat ansprechen oder daran erinnern.

2.3 Einführung der Materialien

Meiner Erfahrung nach sind die Schüler zu Beginn der dritten Klasse meistens mit den vielen neuen Materialien und Büchern vollkommen überfordert. Neben einem neuen Stundenplan, Benotung, neuen Lehrern und einem neuen Raum, kommt eine Mappe mit vielen unbekannten Materialien hinzu.

Einige Eltern unterstützen ihre Kinder sehr gut, indem sie das Material beschriften und so mitgeben, wie man es als Lehrer „angefordert" hat. Oft sind aber weder Hefter und Bücher beschriftet, noch die entsprechenden Hefte mit den passenden Umschlägen versehen. Die betroffenen Kinder sind meist noch stärker überfordert als andere und brauchen unbedingt Unterstützung.

Die folgenden Punkte sind Hinweise, die insbesondere am Anfang des Schuljahres wichtig sind. Nach einer Weile kennen die Schüler ihre Materialien und wissen sehr gut, welcher Hefter zu welchem Fach gehört.

- Es ist sinnvoll, die Hefter für die einzelnen Fächer farblich zu unterscheiden und, wie bereits in Abschnitt „1.4 Materialflut zu Beginn des Schuljahres" näher erläutert, eine Legende der Hefterfarben zur besseren Orientierung sichtbar im Klassenraum anzubringen. Die dazugehörigen Hefte sollten einen gleichfarbigen Umschlag haben, um die Zusammengehörigkeit zu verdeutlichen.

- Achten Sie darauf, dass alle Hefter und Hefte mit den Namen der Kinder versehen sind oder lassen Sie dies nachholen.
- Haben Sie beispielsweise Hefter für Klassenarbeiten bestellt, sammeln Sie diese gleich zu Anfang ein – eine Sache weniger, mit der sich die Kinder belasten müssen.

Sind die Materialien der Schüler weitestgehend vorbereitet und beschriftet, gehen Sie nach und nach die einzelnen Fächer durch und erklären Sie den Kindern, welches Heft für welche Tätigkeit und für welches Fach gedacht ist. Nehmen Sie sich dafür ausreichend Zeit. Es ist unverzichtbar, dass jeder Schüler darüber Bescheid weiß, welches Material wofür vorgesehen ist. Dieses Wissen bildet die Grundlage für jedes spätere freie Arbeiten. Darüber hinaus trägt es zur besseren Orientierung bei, wenn Sie die Bücher mit Kürzeln kennzeichnen lassen. Arbeiten Sie in Englisch z. B. mit einem *Activity Book* und einem *Pupil's Book,* bietet es sich an, diese mit einem großen AB bzw. PB zu beschriften. Hier kommt für die Kinder erschwerend hinzu, dass sie die englische Sprache noch nicht verstehen können und sich die Bücher eventuell äußerlich kaum unterscheiden. Das Kürzel können Sie auch bei Tafelanschrieben mit Seitenzahl verwenden und jeder Schüler weiß, zu welchem Buch er greifen muss. Dieses Vorgehen lässt sich ohne Weiteres auch auf andere Fächer übertragen.
Alternativ können die Bücher mit Namen versehen werden. So wird z. B. aus dem Schreibheft das Bärenheft (weil ein Bär auf der Titelseite abgebildet ist) oder aus dem Lesebuch ein Bücherwurmheft (weil hier ein Bücherwurm zu sehen ist).
Auch Piktogramme helfen den Kindern. Drucken Sie sich entweder kleine Bilder der Bücher und Hefte aus und laminieren Sie diese oder kaufen Sie sich einen Stoß Materialkarten für die Tafel. Eindeutiger ist allerdings die ausgedruckte Variante, weil dort tatsächlich das Buch abgebildet ist. Heften Sie das benötigte Material neben die jeweiligen Stunden am Stundenplan und geben Sie den Kindern so eine strukturierte Orientierung, welche Materialien für die jeweilige Stunde gebraucht werden. In der Praxis reicht jeweils ein Piktogramm von einem roten Hefter, einem roten Heft, dem Bild des Sprachbuches und des Übungsheftes neben dem Fach Deutsch aus, um den Kindern mitzuteilen, was auf den Tisch gehört.

Einige Kinder benötigen auch Hilfe dabei, Ihren Tisch vernünftig einzuteilen. Wie oft sehe ich Schüler mit einem Berg an Material vor sich auf dem Tisch verstreut, die versuchen, noch irgendwo einen Platz zum Schreiben zu finden. Helfen Sie auch dabei. In meiner Klasse ist die obere äußere Ecke immer als „Parkplatz für das Material" reserviert. Dort und nirgendwo anders auf dem Tisch wird das für die Stunde benötigte jedoch derzeit nicht verwendete Material aufbewahrt. Führen Sie ganz deutlich ein, dass die größten Materialien unten liegen.
Lassen Sie sich nicht entmutigen, wenn die Schüler Zeit brauchen, um das umfangreiche Material zuzuordnen und kennenzulernen. Ungefähr bis Weihnachten sollten alle Schüler wissen, wo was zu finden und wofür es zu verwenden ist.

2.4 Elternarbeit

Natürlich ist es Ihre Aufgabe, Unterricht zu planen und durchzuführen, Ausflüge und Feste zu organisieren und den Schulalltag lebendig und abwechslungsreich zu gestalten. Dennoch muss all dies nicht ohne Unterstützung ablaufen. Lassen Sie sich helfen! Vieles ist zu zweit, zu dritt oder zu viert leichter und entspannter.

Mitteilungs- und Hausaufgabenheft

Grundsätzlich sollte man sich als Lehrkraft für eine Form der Kommunikation mit den Eltern entscheiden. Das Mitteilungs- oder Hausaufgabenheft ist eine gute Möglichkeit, um direkten Kontakt zu den Eltern aufzunehmen und Informationen weiterzuleiten.
Wird ein Mitteilungs- oder Hausaufgabenheft in Ihrer Klasse geführt, muss mit den Eltern vorher abgesprochen werden, dass dies mindestens alle zwei Tage, besser sogar jeden Tag kontrolliert wird. Machen Sie deutlich, dass die Kommunikation darüber nur dann funktioniert, wenn sie beidseitig gepflegt wird. Ich habe oftmals die Erfahrung gemacht, dass Eltern dieser Pflicht nicht nachkommen. Dann ist der Sinn dieses Heftes fragwürdig. Auch die Kinder können mit in die Verantwortung gezogen und angehalten werden, das Heft zu Hause vorzulegen.

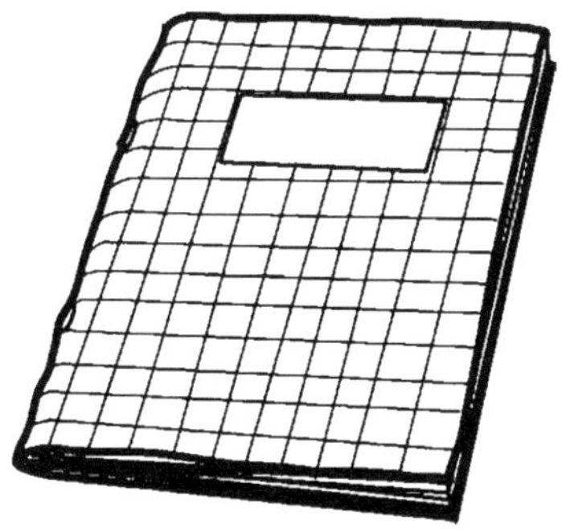

Klären Sie zusammen mit den Kindern, in welche Felder was eingetragen werden muss. Es hilft, wenn Sie z. B. das Raster eines Hausaufgabenheftes an der Seitentafel groß kopiert aufhängen oder es auf die Tafel übertragen. Anhand dieses Rasters können Sie das Hausaufgabenheft anschaulich einführen und Eintragungen direkt vornehmen. Die Kinder können die Informationen dann übernehmen. Machen Sie den Kindern unbedingt die Wichtigkeit der wöchentlichen Vorbereitung deutlich. Es gehört also quasi mit zu den Hausaufgaben am Freitag, das Hausaufgabenheft für die nächste Woche vorzubereiten. Dies können Sie zwei bis drei Mal zusammen mit den Kindern in der Schule vornehmen, danach sollten die Schüler in der Lage sein, es selbstständig zu erledigen. Tragen Sie diese „Hausaufgabe" auch ruhig als solche in das Heft ein. Auch hierbei sollten die Eltern unterstützen.
Zu Anfang rate ich Ihnen, die Eintragungen im Hausaufgabenheft zu kontrollieren. Es reicht aus, wenn Sie einmal durch die Klasse laufen und bei jedem einen Blick ins Heft werfen. Danach kann dies auch der Sitznachbar übernehmen und irgendwann kann es ganz ausbleiben.
Sollten Sie etwas in ein Mitteilungs- oder Hausaufgabenheft eintragen, sollte die Nachricht von den Eltern zu Hause abgezeichnet und dann wiederum bei Ihnen vorgezeigt werden. Zu Ihrer eigenen Entlastung sollten Sie die Nutzung und Handhabung eines Mitteilungs- und Hausaufgabenheftes weitestgehend ritualisieren, indem die Schüler selbst daran denken, Ihnen das Heft mit der abgezeichneten Information vorzulegen. Wird das Hausaufgabenheft zum Selbstläufer, müssen Sie nicht jeden Tag daran denken, Hausaufgabenhefte zu kontrollieren.

Neben der Kommunikationsfunktion zwischen Eltern und Lehrern kann das Mitteilungs- oder Hausaufgabenheft auch eine Rückmeldefunktion übernehmen. Sie können z. B. kurze Eintragungen zum Arbeitsverhalten, vergessene Hausaufgaben, Informationen über den momentanen Leistungsstand vornehmen oder einfach nur ein Lob nach Hause senden. Ist Ihnen das schriftliche Eintragen zu zeitaufwändig, greifen Sie auf Stempel zurück. Es gibt diverse Stempel mit unterschiedlichsten Motiven, die hier wunderbar ihren Zweck erfüllen. Alternativ lassen sich Rückmelde- und Lobkärtchen einkleben.
Auch die Eltern können in diesem Heft kurze Notizen oder Mitteilungen hinterlassen. Weisen Sie sie aber z. B. darauf hin, dass Entschuldigungen separat zu verfassen sind. Sie

sind verpflichtet, diese aufzubewahren und müssten sonst ständig Kopien von den entsprechenden Heftseiten anfertigen.
Als weitere Funktion eines solchen Heftes ist die Disziplinierungsfunktion zu nennen. So kann es z. B. zwei Verwarnstufen geben, bevor Sie eine Eintragung vornehmen:

- *erste Stufe:* Du störst den Unterricht, lege dein Hausaufgabenheft auf den Tisch.
- *zweite Stufe:* Du störst den Unterricht erneut, gib mir dein Hausaufgabenheft (legen Sie es sichtbar auf Ihr Pult).
- *dritte Stufe:* Du störst wieder den Unterricht! (Es folgt eine Eintragung.)

So ein Heft hat demnach viel Potenzial, funktioniert aber nur dann, wenn Lehrer, Schüler und Eltern dieses Heft gleichermaßen nutzen und vorbereiten. Immer wieder kommt es vor, dass Kinder ihre Mitteilungs- und Hausaufgabenhefte zu Hause vergessen oder verlieren. Sollte dies in Ihrer Klasse häufiger vorkommen, halten Sie einen Stapel kopierter Hausaufgabenheftseiten bereit, die im Notfall verwendet werden können.

Postmappe

Viele Schulen lassen die Postmappe bereits verpflichtend von Klasse 1 bis 6 anschaffen. Einige geben an die ersten Klassen sogar eine Schulpostmappe aus. Eine Postmappe ist eine Sammelmappe im DIN-A4-Format. Sie dient ebenfalls der Kommunikation zwischen Eltern und Lehrern/Schule. Die Postmappe kann als eine Art Postweg der schnellen Variante zwischen der Schule und dem Elternhaus verstanden werden.
Die Kinder sollten diese Postmappe täglich bei sich haben. Erklären Sie den Eltern auf dem ersten Elternabend, sofern die Postmappe nicht schon in früheren Klassenstufen eingeführt worden ist, dass es unbedingt notwendig ist, diese täglich zu leeren und durchzuschauen. Auch hier sollten die Schüler mit in die Verantwortung gezogen und angehalten werden, die Postmappe zu Hause selbstständig vorzulegen.
Außerdem ist die Postmappe als Ergänzung zum Hausaufgaben- oder Mitteilungsheft zu sehen. Während das Hausaufgaben- oder Mitteilungsheft Hausaufgaben, individuelle Rückmeldungen, schriftliche persönliche Informationen usw. enthält, dient die Postmappe als Sammelordner für Elternbriefe, Klassenarbeiten, wichtige Mitteilungen der Schule, Flyer und Informationsschreiben. Auch die Eltern können diese für Entschuldigungen oder Rückläufer nutzen. Die Postmappe verhindert, dass Zettel oder Briefe in der Mappe oder zwischen anderem Material verlorengehen.
Ein an die Tafel geheftetes Postmappenschild kann für die Kinder bedeuten: „Postmappe herausholen, es wird etwas Wichtiges ausgeteilt." Lassen Sie alle Kinder die Postmappe auf den Tisch legen und die Briefe ordentlich verstauen. So können Sie relativ sicher sein, dass sie auch zu Hause ankommen.
Sollte Ihre Klasse sehr unzuverlässig sein, können Sie die Elternbriefe zusätzlich noch per E-Mail an einen Klassenverteiler versenden. Auf diesen zwei Wegen sollte jeder die herausgegebenen Informationen erhalten.

Elternabende

Allgemeines

Die Elternversammlung bilden alle Erziehungsberechtigten der Schüler Ihrer Klasse. Laut Schulgesetz dient diese der Information und dem Meinungsaustausch hinsichtlich schulischer Angelegenheiten. Das bedeutet, dass ein Elternabend keine Plattform für individuelle Elterngespräche ist.
Sofern Sie Klassenlehrer einer Klasse sind, obliegt es Ihnen, Elternabende durchzuführen. Die Anzahl der Elternabende ist durch das Schulgesetz festgesetzt. Mindestens drei Elternabende sind durch das Schulgesetz pro Schuljahr beispielsweise in Berlin vorgegeben. An den Elternversammlungen dürfen alle Erziehungsberechtigten der Schüler, alle in der Klasse unterrichtenden Lehrer und auf Wunsch der Elternversammlung auch die

Klassensprecher teilnehmen. Bei neugebildeten Klassen laden die Klassenlehrer zum ersten Elternabend im Schuljahr ein. Anschließend übernehmen dies die Elternsprecher in Absprache mit dem Klassenlehrer der jeweiligen Klasse. Informieren Sie sich auch hier, ob die Regelungen zur Teilnahme an Elternabenden in Ihrem Bundesland eventuell variieren.
Wählen Sie die Termine der Elternabende in einem angemessenen Abstand aus und je nachdem, ob Sonderveranstaltungen wie Klassenfahrten, Ausflüge oder Feste anstehen. Meist bietet es sich an, den ersten Elternabend im ersten Monat nach Schuljahresbeginn, den zweiten kurz vor oder nach den Halbjahreszeugnissen und den dritten vor oder nach Ostern anzusetzen.
Die Einladungen zu den Elternabenden müssen mindestens eine Woche vor dem entsprechenden Termin schriftlich an die Eltern nach Hause geschickt werden (z. B. über die Postmappe). Viele Eltern sind aus privaten oder beruflichen Gründen jedoch dankbar, wenn der Termin für den nächsten Elternabend möglichst noch früher bekannt gegeben wird, um organisatorische Vorkehrungen treffen zu können.
Bedenken Sie bei der Festsetzung der Uhrzeit, dass viele Eltern berufstätig sind. Fangen Sie nicht zu früh an. Teilen Sie auch eine Uhrzeit für das geplante Ende in der Einladung mit, so dass sich die Eltern ausreichend Zeit nehmen und nicht vorzeitig den Klassenraum verlassen müssen. Geben Sie in der Einladung außerdem die geplanten Tagesordnungspunkte bekannt. Hier gilt das Gleiche wie bei den Schülern: Auch Eltern wissen gerne vorher, auf welche Themen sie sich einstellen müssen.
Sollten zu einem späteren Zeitpunkt die Elternvertreter zu einem Elternabend einladen, lassen Sie diese auch über die Themen bestimmen und durch den Abend führen. Sie sind in diesem Fall als Ansprechpartner und Berater anwesend, theoretisch aber nicht für den Ablauf verantwortlich. Praktisch müssen Sie jedoch selbst entscheiden, ob Sie die Planung eines Elternabends tatsächlich aus der Hand geben möchten. Meist gibt es doch etliche Punkte zu besprechen und die Tagesordnung ergibt sich automatisch.

Elternabend: Einladung, Checkliste, Ablaufplan

Elternabend: Einladung KV 5

Name der Lehrkraft ____________________

Name der Schule ____________________

Adresse Schule ____________________

Einladung

zum ___. Elternabend am ____________________, den ____________,

um ____________ Uhr.

KV 5

KV 6

KV 7

Vorbereitung

Nachdem Sie die Eltern fristgerecht (mindestens eine Woche vorher) eingeladen haben, sollten Sie sich Gedanken über den Verlauf des Abends machen. Laden Sie gegebenenfalls Fachkollegen zum Elternabend ein. Oft sind die Eltern daran interessiert, die Kollegen der Hauptfächer kurz kennenzulernen.
Der grobe **Ablaufplan** könnte wie folgt aussehen:

1. Begrüßung
2. Klassensituation
3. Vorstellung von Fachkollegen

4. Inhalte des Unterrichts in Klasse 3/4 oder pädagogisches Thema
5. Organisatorisches
6. „Wo drückt der Schuh?"

Es bietet sich immer an, mit einem kurzen Überblick über die **Klassensituation** zu beginnen. Schildern Sie den Eltern kurz, welchen Eindruck die Klasse auf Sie macht (Klassengröße, Disziplinschwierigkeiten, allgemein zu Streitereien zwischen Klassenkameraden, Leistungsniveau, Atmosphäre usw.).
Im Anschluss empfiehlt es sich, eventuell **Fachkollegen** zur Sprache kommen zu lassen. Meist sind diese dankbar, wenn sie nicht den ganzen Elternabend abwarten müssen, bevor sie sich kurz vorstellen und ihr Fach präsentieren können.
Danach ist es sinnvoll, über ein **pädagogisches Thema** (z. B. Lesen, Schreibentwicklung, Klassenarbeiten, Hausaufgaben) zu referieren. Beim ersten Elternabend im Schuljahr sollte hier immer ein Einblick in die Inhalte der Klasse 3 bzw. 4 gegeben werden. Die Informationen dazu können Sie den Rahmenlehrplänen entnehmen.
Wenn Sie mit einer bestimmten Methode arbeiten (Wochenplan, Lernwege, Lernbuffets usw.) oder mit bestimmten Arbeitsmaterialien (z. B. Karteikästen, Forscherheften), sollten Sie diese den Eltern ebenfalls vorstellen und erklären.
Als nächster Punkt folgt das Organisatorische. Jetzt können Wahlen und Abstimmungen (Elternsprecherwahl, Noten oder keine Noten, Klassenkasse) stattfinden. Sprechen Sie auch die nächsten geplanten Ausflüge, Begleitungen dafür, Kuchenverkauf, Schulfeste usw. an.
Holen Sie schriftliche **Einverständniserklärungen** für folgende Bereiche ein:

- Herausgabe der Klassenliste (inkl. E-Mail Adressen) an die Schüler/Eltern
- Freigabe für das Fotografieren und Veröffentlichen von Bildern des Kindes
- Verbleiben des Kindes bei Stundenausfall/Hitzefrei
- ggf. Hausordnung

An einem Elternabend nehmen im besten Fall alle Eltern teil und das Einsammeln von Rückläufern oder Einverständniserklärungen geht viel schneller, als wenn Sie diese über die Postmappe nach Hause senden und dann von jedem Einzelnen zu verschiedenen Zeitpunkten zurückbekommen.
Planen Sie als Abschluss den Punkt „Wo drückt der Schuh?" ein. Zum einen bietet dieser Tagesordnungspunkt Zeit und Raum für Sie, über eventuelle Schwierigkeiten oder Sorgen mit den Eltern zu sprechen und zum anderen wissen die Eltern, an welcher Stelle sie ihre Bedenken äußern oder Fragen stellen können.

Wenn Sie sich Gedanken über den Ablauf des Elternabends machen, schreiben Sie sich gleich eine grobe **Sprechvorlage:** Was möchten Sie sagen? Was ist Ihnen wichtig? Was dürfen Sie keinesfalls vergessen? Dies erleichtert Ihnen auch das spätere Protokollschreiben.
Bereiten Sie eine **Teilnehmerliste** vor, in der alle anwesenden Erziehungsberechtigten ihre Teilnahme bestätigen müssen.
Informieren Sie den Hausmeister über den Termin des Elternabends, so dass die Schule an diesem Abend und für diesen Zeitraum geöffnet ist.

Am Tag des Elternabends selbst bietet es sich an, den Klassenraum gleich nach dem Unterricht weitestgehend dafür vorzubereiten, so dass Sie am Abend quasi nur noch erscheinen müssen.
Schreiben Sie zur besseren Orientierung die Tagesordnungspunkte an die Tafel und heften Sie die neuesten Fotos oder Kunstwerke der Kinder dazu. Die Eltern freuen sich immer, wenn sie einen kleinen Gruß ihrer Kinder auf dem Tisch finden. Hier wäre ein kleiner Brief, eine gefaltete Origamifigur, ein kurzes Gedicht oder ein Kunstbild denkbar. Sollten

Sie Kopien an die Eltern verteilen wollen, tun Sie dies bereits im Vorfeld und in Ruhe. Präparieren Sie Klarsichthüllen mit den entsprechenden Blättern – so kann nichts durcheinandergeraten und niemandem etwas fehlen. Platzieren Sie die Namensschilder der Kinder auf ihren jeweiligen Plätzen. Die Eltern können sich dann auf den Platz ihres Kindes setzen, so wissen sowohl Sie als auch die anderen Eltern sofort, welches Elternteil zu welchem Kind gehört.
Zu einer angenehmen Atmosphäre gehört es, dass man sich wohlfühlt. Meist tragen Essen und Trinken dazu bei. Sie müssen selbst entscheiden, ob Sie Wasser und Knabberzeug anbieten oder nicht. Ich habe die Erfahrung gemacht, dass Eltern diesen kleinen Service zu schätzen wissen.

Durchführung

Nachdem Sie die Eltern begrüßt und Fachkollegen vorgestellt haben, erläutern Sie kurz den Ablauf des Abends. Verweisen Sie dazu auf die Tafel. Geben Sie die Teilnehmerliste mit der Bitte um Eintragung herum.
Arbeiten Sie dann Schritt für Schritt die einzelnen Tagesordnungspunkte ab. Geben Sie den Eltern immer ausreichend Zeit, Fragen zu den einzelnen Punkten stellen zu können. Scheuen Sie sich nicht davor, gegebenenfalls auf einen späteren Zeitpunkt zu verweisen oder zu äußern, dass die Beantwortung der Frage den Rahmen des Elternabends sprengen würde und vielleicht eher in einem Elterngespräch besprochen werden sollte.
Notieren Sie alle Abstimmungen o. Ä. bereits in Ihrer Sprechvorlage, dies vereinfacht das spätere Anfertigen eines Protokolls ungemein.

In diesem Zusammenhang sollte ein besonderes Augenmerk auf die **Wahlen und Abstimmungen** gerichtet werden. Gerade zu Beginn der dritten Klasse bzw. zu Beginn des Schuljahres ist es notwendig, über bestimmte Begebenheiten abzustimmen und über Regelungen zu informieren:

- Lernerfolgskontrollen
- Elternsprecherwahl
- Notengebung
- Klassenkasse

Unterrichten Sie die Eltern auf dem ersten Elternabend über die Anzahl und den Umfang der **Lernerfolgskontrollen** in Klasse 3 und 4 (siehe „3.4 Bewertung, Leistungskontrollen und Lernstandsanalysen“, S. 81–83).

Die **Elternsprecherwahl** meint die Wahl zweier gleichberechtigter Elternvertreter der Klasse und deren Vertreter. Diese Wahl sollte innerhalb der ersten vier Schulwochen stattfinden. Stellen Sie kurz und knapp die Aufgaben der Elternsprecher vor: Die Elternsprecher laden in Abstimmung mit der Klassenleitung mindestens dreimal im Jahr zu einer Elternversammlung ein. Sie vertreten die Interessen der Eltern und der Klasse gegenüber den Lehrkräften. Darüber hinaus nehmen die Vertreter an Eltern- und Klassenkonferenzen teil. Gegebenenfalls werden die Elternsprecher in die Vorbereitung von klasseninternen Vorhaben einbezogen.
Für die Wahl der Elternsprecher hat jeder Schüler zwei Stimmen, auch wenn nur ein Erziehungsberechtigter anwesend ist. Die Stimmen müssen nicht für die gleiche Person abgegeben werden. Es wählen nur die Eltern, die vor Ort sind. Stimmen Sie kurz darüber ab, ob die Wahl per Akklamation (Handzeichen) oder als geheime Wahl (schriftlich) ablaufen soll. Sammeln Sie die Namen möglicher Kandidaten an der Tafel und führen Sie die Wahl durch. Zählen Sie alle Stimmen und halten Sie diese für das Protokoll fest. Zum Abschluss müssen die beiden Gewählten und die Vertreter gefragt werden, ob sie die Wahl annehmen.

In der dritten Klasse können die Eltern in einigen Bundesländern darüber abstimmen, ob ihre Kinder weiterhin **Bericht- oder Notenzeugnisse** erhalten sollen. Meist haben die Eltern bereits eine feste Meinung zu diesem Thema. Dennoch schadet es nicht, die Vor- und Nachteile der jeweiligen Bewertungsform noch einmal darzulegen (siehe „3.4 Bewertung, Leistungskontrollen und Lernstandsanalysen", S. 81–83).

Bei der Festlegung einer **Klassenkasse** gibt es keinen vorgeschriebenen Richtwert. Sie sollten sich im Vorhinein Gedanken machen, ob Sie eine Klassenkasse von den Eltern einsammeln möchten und welche Ausgaben diese abdecken soll. Es bietet sich an, diese ausschließlich auf Unterrichtsmaterial, Bastelmaterial, kleine Geburtstagsgeschenke usw. zu beschränken. Des Weiteren ist es sinnvoll, den Beitrag zur Klassenkasse in zwei Etappen, einmal zum Schuljahresbeginn und dann wieder zum Halbjahreszeugnis einzusammeln.
Schlagen Sie den Eltern einen Betrag vor und lassen Sie darüber abstimmen. Sollte es Familien geben, die sich den Beitrag nicht leisten können, können Sie eine Sonderregelung (diese Familien zahlen z. B. nur die Hälfte) vereinbaren.

Wählen Sie gleichzeitig einen **Kassenwart,** der sich um die Verwahrung und Verwaltung des Klassenkassengeldes kümmert. Dieses Amt sollte nicht in Ihrer Hand verweilen. Schließlich lassen Sie sich das Geld in beschrifteten Umschlägen über die Kinder mit in die Schule bringen. Haben Sie alles beisammen, übergeben Sie die Gesamtsumme an den Kassenwart. Wenn Sie Ausgaben tätigen, reichen Sie alle Kassenbons und Quittungen an den Kassenwart mit der Bitte um Erstattung weiter.

Bitten Sie die Eltern abschließend darum, ihren Kindern für den nächsten Schultag einen kleinen Gruß zu hinterlassen. Halten Sie dafür Zettel und Stifte bereit. Achten Sie darauf, dass Kinder, deren Eltern abwesend sind, notfalls von Ihnen einen Gruß erhalten.

Nachbereitung

Im Anschluss an den ersten Elternabend im Schuljahr müssen die Namen der neuen Elternvertreter und von deren Vertretern an das Schulsekretariat weitergegeben werden. Außerdem gehört es in den meisten Schulen dazu, das Protokoll und die Teilnehmerliste in einem entsprechenden Ordner abzuheften.
Für die Anfertigung eines Protokolls sind folgende Punkte zu beachten: Laut Berliner Datenschutzbrief von Mai 2014 ist lediglich bei der Wahl der Elternvertreter ein Protokoll notwendig. Das bedeutet, dass nicht von jedem Elternabend ein Protokoll angefertigt werden muss.
Ein Protokoll enthält Angaben über Ort, Tag, Namen der Anwesenden, behandelten Gegenstand, gestellte Anträge, gefasste Beschlüsse und die Ergebnisse von Wahlen. Hier sind Sachlichkeit und Neutralität zu wahren. Namensnennungen und Meinungsäußerungen sind nur dann erlaubt, wenn es zwingend notwendig ist. Protokolle dienen ausschließlich der Information der Eltern. Eine Veröffentlichung ist nicht zulässig. Jedoch können Protokolle von Eltern in der Schule eingesehen oder als Kopie an diese verteilt werden. Das Verschicken der Protokolle per E-Mail unterliegt einem besonderen Schutz (keine Namensnennungen, kein Personenbezug, Eltern müssen dem Verteiler zugestimmt haben). Eine Veröffentlichung im Internet ist ebenfalls unzulässig.
Letztendlich ist es also Ihnen selbst überlassen, ob Sie ein Protokoll erstellen/erstellen lassen oder nicht. Aus meiner Sicht ist es immer gut, wenn man bestimmte Sachverhalte später noch einmal nachlesen bzw. Eltern nachträglich mit bestimmten Informationen versorgen kann.

Elternunterstützung

Die Unterstützung der Eltern in Anspruch zu nehmen, ist in vielen Fällen für Lehrkräfte ungewohnt. Viele Lehrer präferieren es, die Zügel selbst in der Hand zu behalten und zu lenken. Dennoch gibt es zahlreiche Situationen, in denen es notwendig ist, die Eltern mit ins Boot zu holen. Nicht nur Eltern helfen gern: Großeltern, Tanten, Onkel und ältere Geschwister können ebenso eingespannt werden. Auch wenn es sich um eine sehr träge Elternschaft handelt: Scheuen Sie sich nicht davor, diese zum Helfen zu bewegen. Den meisten Eltern macht es im Nachhinein sogar Spaß.
Geben Sie die Termine, Aufgaben und Zeiträume möglichst frühzeitig bekannt, so können die Eltern besser planen und stehen Ihnen eher zur Verfügung, als wenn es sich um kurzfristige Anfragen handelt.

Nicht an jeder Schule ist es üblich, dass **Ausflüge** von zwei Lehrkräften begleitet werden. In solch einem Fall sind Sie auf die Begleitung eines Elternteils angewiesen, da Sie mit einer so großen Gruppe allein gar nicht unterwegs sein dürfen. Machen Sie den Eltern auch deutlich, dass der Ausflug ohne ihre Unterstützung nicht stattfinden kann. Die meisten Eltern reagieren spätestens dann.

Auch **Bastelvormittage**, **Schulfeste** und **andere schulische Veranstaltungen** sind oftmals ohne die Hilfe von Eltern gar nicht möglich. Wie die Unterstützung hier aussieht, hängt immer von der jeweiligen Veranstaltung ab. Sie kann von einer Kuchenspende bis hin zur Übernahme von Standbetreuungsaufgaben gehen.

Bei **Schulaufführungen** kommt es ebenfalls oftmals zu Engpässen, weil auch andere Kollegen im Rahmen solcher Veranstaltungen meist mit diversen Aufgaben beschäftigt sind. Hier ist es sinnvoll, den Eltern Betreuungsaufgaben zu übertragen. Haben Sie z. B. mehrere Klassen auf der Bühne (beispielsweise als Musiklehrer oder Englischlehrer) und müssen diese einweisen, können Sie sich nicht gleichzeitig um die Betreuung Ihrer Klasse kümmern.

In einem Klassenraum sammelt sich im Laufe der Zeit viel Staub und Schmutz. Auch hier können einige Eltern Abhilfe schaffen. Teilen Sie den Eltern gleich auf dem ersten Elternabend mit, dass Sie einige **Putzhelfer** über das Schuljahr verteilt brauchen (z. B. immer vor den Ferien). Kommen vier oder fünf Eltern für eine Stunde nach dem Unterricht in den Klassenraum zum Putzen, haben Sie sich fünf Stunden Arbeit gespart. Auch das Waschen von Handtüchern oder Decken können Eltern übernehmen. Es gibt keinen Grund, warum Sie dies in Ihrer Freizeit tun. Meist sind viele Eltern gewillt zu helfen, wenn das Ergebnis ihren Kindern zugutekommt.

Haben Sie beispielsweise eine umfangreiche Kartei für Sachunterricht zum Thema „Bäume" erstellt oder brauchen Sie Requisiten für eine Aufführung, können Eltern auch mit **Bastel-** oder **Nähaufträgen** einbezogen werden. Diese sind meist sehr zeitintensiv und können gut abgegeben werden.

Des Weiteren sind insbesondere Väter handwerklich oftmals sehr begabt – lassen Sie sich auch in dieser Hinsicht helfen. Brauchen Sie beispielsweise eine Torwand für ein Schulfest oder muss ein Regal für den Klassenraum zusammengebaut werden, holen Sie sich **handwerkliche Unterstützung** bei den Eltern.

Nehmen Sie die Hilfe Ihrer Elternvertreter v. a. in Sachen **Kommunikation** in Anspruch. Bitten Sie beispielsweise um Hilfe für die Betreuung des Klassenstandes beim Schulfest, warten viele Eltern gern erst einmal ab, ob sich jemand anderes findet, bevor sie sich bereit erklären und verpflichten. Belasten Sie sich nicht mit solchen Aufgaben – delegieren Sie die Suche und Einteilung der Helfer an die Elternvertreter.

Sehr schöne Aufgaben für viele Eltern sind die der **Lesepaten** oder **Lernbegleiter.** Hier empfiehlt es sich, nicht unbedingt Eltern oder Großeltern der eigenen Schüler einzubeziehen, sondern auf andere Jahrgänge zurückzugreifen.
Lesepaten und Lernbegleiter helfen ehrenamtlich in Schulen und unterstützen den Lehrer bei diversen Aufgaben. Dazu ist ein erweitertes Führungszeugnis notwendig, das mit einem Schreiben der Schule im Bürgeramt beantragt wird. Die Ehrenamtlichen können unterstützend tätig sein. Das heißt, dass sie sich um einzelne Kinder im laufenden Unterricht kümmern oder aber kleinere Gruppen oder einzelne Kinder aus dem Unterricht herauslösen, um beispielsweise bestimmte Sachverhalte zu üben, zu wiederholen oder um Bücher oder Texte zu lesen. Lesepaten oder Lernbegleiter dürfen natürlich keinen eigenverantwortlichen Unterricht leiten bzw. Ihre Aufgabe übernehmen. Sie sind lediglich Unterstützer und Begleiter.

Elterngespräche

Elterngespräche können für alle Beteiligten sehr effektiv sein. Um möglichst erfolgreiche Gespräche zu führen, sollten einige Hinweise beachtet werden.
Teilen Sie den Eltern gleich zu Beginn des Schuljahres mit, wann Sie für Elterngespräche zur Verfügung stehen. Ob diese individuell, an einem festen Tag in der Woche oder im Monat zu vereinbaren sind oder ob Sie regelmäßig Elternsprechtage oder Elternsprechstunden einrichten, ist Ihnen und Ihrer Zeit überlassen. Da viele Eltern berufstätig sind, bieten sich meistens individuell vereinbarte Termine an.
Legen Sie schon vorher einen Zeitrahmen für das Elterngespräch fest: Was in 30 Minuten noch nicht besprochen ist, kann auch in 60 Minuten nicht gelöst werden. Haben Sie damit Schwierigkeiten, stellen Sie eine Eieruhr oder legen Sie die Elterngespräche vor den Unterricht, so dass ein Ende vorprogrammiert ist. Bewahren Sie sich das Privileg, dass Sie nicht zu jeder Zeit zwischen Tür und Angel ansprechbar sind und für Gespräche zur Verfügung stehen.
Entscheiden Sie, ob ein Gespräch am Telefon ausreicht oder ob Sie ein gemeinsames Treffen favorisieren. Haben die Eltern den Wunsch, mit Ihnen zu sprechen, lassen Sie sie auch entscheiden, wie das geschehen soll.
Die Gespräche können Sie entweder telefonisch oder schriftlich terminieren. Geben Sie den Eltern auch hier etwas Zeit, auf eine Gesprächseinladung zu reagieren und stellen Sie einige Termine zur Wahl.

Elterngespräch: Einladung

Elterngespräch: Einladung KV 8

Name der Lehrkraft ____________________

Name der Schule ____________________

Adresse Schule ____________________

Telefon Schule ____________________

An ____________________

____________________, den ____________

Vereinbarung eines Gesprächstermins

Sehr geehrte Frau ____________ und Herr ____________,

ich würde gern mit Ihnen einen Gesprächstermin vereinbaren, um mit Ihnen über die Leistungen Ihres Kindes zu sprechen.

KV 8

Denken Sie daran, dass Sie nur den Erziehungsberechtigten Auskunft über die Leistungen und das Verhalten des jeweiligen Schülers geben dürfen. Sollten weitere Personen an den Elterngesprächen teilnehmen, müssen Sie das Einverständnis aller Erziehungsberechtigten einholen.

Bereiten Sie sich gut auf das Gespräch vor – auch, wenn das Gespräch von den Eltern initiiert wurde. Machen Sie sich Gedanken, was der Grund des Gesprächs ist und was Sie mit dem Gespräch erreichen möchten. Viele Eltern erscheinen oft mit gemischten Gefühlen bei solch einem Gespräch, da sie nicht wissen, was sie erwartet. Nehmen Sie den Eltern die Angst vor schlechten Nachrichten, indem Sie zunächst die Stärken des Kindes hervorheben. Zählen Sie auf, was das Kind schon alles kann und worin es wirklich gut ist. Kommen Sie dann jedoch zügig zum Punkt, denn Sie haben sich ja vorher einen Zeitrahmen gesetzt. Lassen Sie auch die Eltern zu Wort kommen und ihre Sicht der Dinge schildern. Für den erfolgreichen Ausgang eines solchen Gesprächs ist es unverzichtbar, gemeinsame Vereinbarungen zu treffen. Außerdem sind Eltern dankbar, wenn Sie konkrete Handlungsaufgaben formulieren:

- Ist ein weiteres Treffen/Telefonat notwendig?
- Ist eine Rückmeldung über das Hausaufgabenheft sinnvoll?
- Ist vielleicht ein Arztbesuch ratsam?
- Erwägen Sie, die Hilfe eines Experten hinzuzuziehen?
- Müssen Fachkollegen miteinbezogen werden?

Bei Elterngesprächen empfiehlt es sich aus dreierlei Gründen, ein Protokoll anzufertigen: Erstens können Sie bei weiteren Elterngesprächen noch einmal darauf zurückgreifen. Zweitens können Kollegen dieses, wenn nötig, einsehen. Drittens sind Sie weniger angreifbar, wenn die Ergebnisse des Gesprächs schriftlich fixiert sind.

Legen Sie sich einen separaten Ordner an, in dem Sie diese Protokolle sammeln. Sollten Sie die Klasse an einen anderen Kollegen übergeben, bilden die Protokolle eine gute Grundlage für Ihren Nachfolger.

Denken Sie daran, Elterngespräche in den Schülerbögen (im Klappendeckel) zu vermerken und zu dokumentieren.

Elterngespräch: Checkliste, Ablaufplan, Protokoll

Elterngespräch: Checkliste KV 9

Wann?	Was?	Wer?	erledigt
mindestens eine Woche vorher	■ Terminvereinbarung mit den Erziehungsberechtigten ■ je nach Inhalt auch Fachkollegen oder Schulleitung einladen	Lehrer	
ein paar Tage vorher	■ Vorbereitung des Gesprächs, ggf. erneute Einsicht in die Schülerbögen oder Protokolle vorangegangener Gespräche	Lehrer	
am Tag selbst	■ Sitzplätze vorbereiten ■ Blankoprotokoll und Stift bereitlegen ■ ggf. Arbeiten des Schülers bereithalten ■ Gespräch durchführen ■ Vereinbarungen treffen	Lehrer/ Erziehungsberechtigte	
nach dem Elterngespräch	■ ggf. Schritte einleiten: Experten hinzuziehen (Schulpsychologe, Telefonate mit Ärzten usw.) ■ Protokoll anfertigen und abheften	Lehrer	

KV 9
KV 10
KV 11

Kommunikation mit Eltern

Was die Kommunikation mit den Eltern anbelangt, ist jede Lehrkraft unterschiedlich. Für alle Lehrkräfte gilt gleichermaßen, dass sie den Eltern bzw. Erziehungsberechtigten gegenüber eine Informationspflicht haben. Das bedeutet, dass Sie dazu verpflichtet sind, den Eltern Auskunft über schulische Aktivitäten, Leistungen, Verhalten usw. zu geben. Auf welchem Weg dies geschieht, ist nicht festgeschrieben.

Entscheiden Sie für sich selbst, ob Sie Ihre Telefonnummer herausgeben oder ob Sie via E-Mail mit den Eltern kommunizieren möchten. Sollten Sie Ihre Telefonnummer bekannt machen, seien Sie sich dessen bewusst, dass die Eltern manchmal einen Notfall nicht von einer Nebensächlichkeit unterscheiden können. Es gibt Eltern, die dieses Privileg schamlos ausnutzen und ungeachtet jeder Tages- und Nachtzeit wegen jeder noch so kleinen Frage gleich zum Hörer greifen. Setzen Sie am besten ein Zeitfenster fest, in dem Sie telefonisch erreichbar sind und machen Sie deutlich, dass Anrufe außerhalb dieser Telefonzeit nicht erwünscht sind. Hausaufgaben, Inhalte und Termine für die nächsten Klassenarbeiten können genauso gut bei Klassenkameraden erfragt werden.

Ist Ihnen die Kommunikation über E-Mail lieber, ist der Vorteil, dass Sie bestimmen können, wann Sie diese abrufen und beantworten. Außerdem bedeutet dies nicht, dass Sie nicht telefonisch zu sprechen sind. Ich vermittle meiner Elternschaft immer, dass eine kurze E-Mail oder ein Zettel in der Postmappe mit der Bitte um Rückruf ausreicht, dass ich mich telefonisch innerhalb der nächsten ein bis zwei Tage zurückmelde. Dies impliziert natürlich, dass Sie regelmäßig Ihre E-Mails lesen müssen. Sollte es doch einmal einen dringenden Notfall geben, wissen die Eltern, wo sie Sie fünf Tage die Woche finden können.

Für das alltägliche Geschäft der Kommunikation sollten Sie sich auf die in Kapitel „2.4 Elternarbeit" (S. 41 f.) bereits beschriebenen Kommunikationsformen wie Hausaufgaben- und Mitteilungsheft sowie die Postmappe beschränken.

Alle weiteren Formen, wie Gespräche, Telefonate und E-Mails sollten sowohl von Ihnen als auch von den Eltern als Kommunikationsmittel für besondere Anlässe oder Notfälle gesehen und behandelt werden.

3 Tipps und Tricks für den Schulalltag

Neben dem Unterricht ist es Aufgabe des (Klassen-)lehrers, die Klasse zu einer Gemeinschaft zusammenzuführen. Unterrichtliche Organisationsformen sowie klasseninterne Vorhaben helfen dabei, die Klasse zusammenzuschweißen. Auch wenn gutes Miteinander nicht nur auf der Tagesordnung steht, sondern praktisch erlebt wird, wird es immer wieder zu Konflikten und Problemen kommen. Wichtig ist, dass diese angenommen und besprochen werden. Planen Sie daher Raum und Zeit ein, um sowohl Freud als auch Leid miteinander zu teilen und darüber zu diskutieren.

Des Weiteren stehen dem Frontalunterricht unterschiedliche offene Lernformen gegenüber. Mit der veränderten Kindheit der Schüler geht eine Neuorientierung der Unterrichtsgestaltung einher, die es zu berücksichtigen gilt. Offener Unterricht motiviert die Schüler zum selbstständigen Arbeiten und entlastet Sie als „Entertainer“ und reinen Wissensvermittler. Sie treten in den Hintergrund und übernehmen neue Aufgaben: Sie begleiten, helfen, unterstützen und leiten an. Arbeitsphasen der Schüler sollten immer wieder durch Entspannungs- und Bewegungspausen durchbrochen werden. Die offenen Unterrichtsformen und der Wechsel zwischen Anstrengung und Entspannung sorgen für ausgeglichene und zufriedene Schüler.

3.1 Die Klassengemeinschaft aufbauen und fördern

Geburtstagsrituale

Geburtstage sind für Kinder neben Weihnachten bekanntlich das wichtigste und aufregendste Ereignis des Jahres. Viele Kinder warten das komplette Jahr auf diesen wichtigen Tag – ein Ereignis also, das in der Schule keinesfalls übergangen werden darf.

Im Vorfeld lasse ich von den Kindern immer ein Geburtstagsschild anfertigen. Darauf finden sich der Name, das Geburtsdatum und ein Foto des Kindes. Das Schild kann von den Kindern frei dekoriert werden. Anschließend laminiere ich alle Schilder und versehe sie mit einem Klebemagneten. So kann ich unter dem Schild „Unser nächstes Geburtstagskind“ die Geburtstage veröffentlichen und den Kindern auf diese Weise eine gewisse Wichtigkeit ihres Ehrentages vermitteln.

In der Regel ist es sinnvoll, sich für ein Geburtstagsritual zu entscheiden und dies auf alle Klassengeburtstage anzuwenden. Zum einen wissen die Kinder dann ganz genau, was sie erwartet und zum anderen fühlen sich die Schüler gleich behandelt.

In meiner Klasse hat jedes Kind eine **Geburtstagskerze.** Auf diese habe ich zu Beginn des Schuljahres mit Kerzenfarbe (in jedem Bastelladen erhältlich) den Namen und das Geburtsdatum des jeweiligen Kindes geschrieben. Diese Kerze ist auch für andere Anlässe wie Weihnachten oder Zeugnisausgaben verwendbar.

Zum Schuljahresanfang habe ich bereits **Geburtstagskarten** sowie einen **Gutschein** für einen Zehn-Minuten-Wunsch vorbereitet, die jeder Schüler zum Geburtstag erhält. Hier muss nur noch der Name des Geburtstagskindes eingesetzt und von allen anderen Kindern der Klasse unterschrieben werden. Den Zehn-Minuten-Gutschein können die Kinder für ein besonderes Spiel oder eine andere Aktivität einlösen. Es gibt immer einmal die Möglichkeit, zehn Minuten einer Stunde dafür zu opfern oder den Klassenrat um zehn Minuten zu kürzen. Wichtig ist nur, dass Sie als Lehrer den Zeitpunkt bestimmen. Lassen Sie sich den Gutschein geben und heften Sie ihn als Erinnerung an die Tafel. Ist der Gutschein eingelöst, können Sie ihn entsorgen.

In Bezug auf den Ablauf der klasseninternen Geburtstagsfeier, möchte ich im Folgenden eine Variante genauer beschreiben. Diese ist natürlich ausbaufähig, kann abgewandelt oder nur in Teilen übernommen werden.

Am Tag des jeweiligen Geburtstags sollte der Tisch des Geburtstagskindes in irgendeiner Form vorbereitet sein und sich von den anderen unterscheiden. Dazu bietet es sich an, eine Serviette auf den Tisch zu legen, die Geburtstagskerze in die Mitte zu stellen, die Geburtstagskarte inklusive Gutschein und ein kleines Geschenk (sogenannte Ein-Euro-Shops haben meist eine gute Auswahl an kleinen Schreibsets, Stiften, Blöcken usw.) dazuzulegen. Das Ganze mit einigen Schokolinsen und ein paar Süßigkeiten dekoriert, lässt viele Kinderherzen höher schlagen. Die Kosten dafür können aus der Klassenkasse erstattet werden.

Mit den übrigen Schülern sollte die Übereinkunft getroffen werden, dass Geburtstagsgedecke anderer Kinder unter keinen Umständen angefasst oder gar aufgegessen bzw. entwendet werden dürfen. Leiten Sie schließlich die Geburtstagsfeier mit einem allen Kindern bekannten Geburtstagslied (Hoch soll er leben, Happy Birthday, Wie schön, dass du geborgen bist, Am Fenster heute Morgen usw.) ein. Sollten Sie selbst nicht gern singen, nehmen Sie eine Geburtstags-CD zu Hilfe und lassen Sie diese im Hintergrund mitlaufen. Anschließend empfiehlt es sich, eine Blitzlichtrunde durchführen zu lassen. Hier äußert jedes Kind der Klasse einen oder mehrere Wünsche für das Geburtstagskind. Achten Sie darauf, dass die Kinder nicht bereits Gesagtes nur wiederholen, sondern sich auch etwas Neues ausdenken. Sollte die Zeit drängen, können sich alternativ auch nur diejenigen Schüler beteiligen, die sich per Handzeichen melden.

Zum Ende der Blitzlichtrunde darf das Geburtstagskind seine Kerze auspusten. Solange der Rauch der Kerze noch zu sehen ist, müssen alle Schüler mucksmäuschenstill sein und sich etwas für das Geburtstagskind wünschen. Einen schönen und schmackhaften Abschluss findet die Geburtstagsfeier dann durch das Austeilen von mitgebrachtem Kuchen, Muffins, Donuts oder Süßigkeiten. Deshalb bietet sich auch der Zeitpunkt vor oder nach der Hofpause an, da die meisten Kinder dann sowieso etwas essen oder Sie eine Frühstückspause abhalten.

Besonders wichtig ist, dass Geburtstage, die auf Wochenenden fallen oder in den Ferien liegen, nicht in Vergessenheit geraten, sondern am nächstmöglichen Termin nachgefeiert werden. Dann ist es auch nicht schlimm, wenn zwei oder drei Geburtstage gleichzeitig gefeiert werden.

Ausflüge und Feste

Ausflüge

Bei Ausflügen gilt es, zwischen zwei verschiedenen Arten von Ausflügen zu unterscheiden. Zum einen gibt es Ausflüge zu außerschulischen Lernorten (Museum, Theater, Werkstätten, Betriebe usw.) und zum anderen gibt es Ausflüge, die dem Entertainment und Spaß (Spielplatz, Kino, Kletterwald usw.) dienen. Grundsätzlich sollte es im Schuljahr beide Arten von Ausflügen geben. Außerdem schließt das eine das andere im besten Fall nicht aus.
Dennoch bin ich der Meinung, dass man Ausflüge nicht nur planen sollte, um einen bestimmten Kinofilm anzuschauen oder Zeit auf dem Spielplatz zu verbringen, sondern vielmehr, um unterrichtlichem Inhalt auf andere Weise und an anderen Orten zu begegnen. Manches Mal kann ein Ausflug zu einer Frühlingswiese effektiver sein, als eine Führung durch Fachpersonal im Naturkundemuseum.
Sollten Sie Ausflüge für Ihre Klasse planen, fangen Sie rechtzeitig mit der **Organisation** an. Überlegen Sie zu Beginn des Schuljahres bereits, in welchen Fächern und zu welchen

Themen sich Ausflüge anbieten und gehen Sie auf die Suche nach geeigneten Orten (Theater, Museum, Betriebe, Kunstworkshops, fremdsprachige Aufführungen usw.). Auch Eltern oder andere Kollegen haben oftmals Ideen und Erfahrungen mit etwaigen Ausflugsorten. Um die tatsächliche Buchung eines Ausflugs sollten Sie sich allerspätestens einen Monat vor dem geplanten Termin kümmern.

Erfragen Sie die Kosten für Schüler und Begleitpersonen, ob Material mitgebracht werden muss oder ob spezielles Wissen vonnöten ist. Behandeln Sie das Thema ohnehin schon im Unterricht, ist eine Vorbereitung garantiert.

Organisieren Sie ein **Klassenticket** – viele Verkehrsbetriebe bieten solche Klassentickets für ein Schuljahr an. Begleichen Sie die Kosten aus der Klassenkasse; dies können Sie gleich auf dem ersten Elternabend ansprechen. Ein Klassenticket vereinfacht die Fortbewegung mit der Klasse ungemein.

Informieren Sie die Eltern rechtzeitig über geplante Ausflüge. Dazu gehört es, den Eltern Folgendes mitzuteilen:

- Wann findet der Ausflug statt?
- Was kostet der Ausflug pro Schüler?
- Fallen Stunden aus oder ist das Kind später/früher zurück?
- Werden zusätzliche Materialien benötigt?
- Reicht ein Rucksack aus oder muss die Mappe mit?
- Brauchen die Kinder Frühstück?
- Werden Fahrscheine benötigt?
- Wer kann den Ausflug begleiten?

Setzen Sie den Eltern eine Frist, bis wann das **Ausflugsgeld** bei Ihnen eingegangen sein muss. Ich kann Ihnen nur raten, dafür ausreichend Zeit einzuplanen, da es zum Teil sehr lange dauert, bis das Geld in der Schule ankommt. Sollten Sie Schüler in der Klasse haben, deren Eltern Arbeitslosengeld erhalten, gibt es für solche Fälle meist Gelder an den Schulen, von denen für diese Kinder Ausflüge finanziert werden (erkundigen Sie sich im Sekretariat). Sollte das Geld am Ausflugstag von einigen Schülern immer noch nicht vorliegen, müssen Sie entscheiden, was Sie tun. Es gibt zwei Möglichkeiten: Entweder legen Sie das Geld aus oder das Kind verbringt den Vormittag in einer anderen Klasse.

Vergessen Sie nicht, auch die Schule über Ihre geplanten Ausflüge zu unterrichten. Denn Sie müssen für diesen Tag ausgeplant und Vertretungen eingeplant werden. Auch der Hort ist für eine kurze Info dankbar. Sollte ein Ausflug einmal über die reguläre Unterrichtszeit hinausgehen, vermisst der Hort nämlich die Kinder Ihrer Klasse.

Bevor Sie den Ausflug antreten, sollten Sie sich immer mit einem Erste-Hilfe-Täschchen (meist im Sekretariat erhältlich) ausstatten und mit den Kindern eine **Belehrung** durchführen. Dazu zählt Folgendes:

- Wie verhalte ich mich im Straßenverkehr?
- Wie verhalte ich mich anderen Personen gegenüber?
- Wie verhalte ich mich in Bus oder Bahn?
- Was tue ich, wenn ich allein in Bus, Bahn oder auf dem Bahnsteig zurückbleibe?

Auch bei Ausflügen ist die Etablierung von Ritualen sinnvoll. Grundsätzlich ist es ratsam, dass der Klassenlehrer die Klasse anführt und die Begleitung das Schlusslicht bildet. Die Schüler sollten immer zu zweit hintereinander laufen und dabei nicht trödeln. Zählen Sie

am Anfang des Ausflugs alle Kinder durch, wiederholen Sie dies zwischendurch, besonders nach Umsteige- und Aussteigesituationen.
Es empfiehlt sich, ein **akustisches Signal** mitzunehmen, das sich von dem im Unterricht benutzten unterscheidet, wie z. B. eine Ausflugsklingel, die ausschließlich auf Ausflügen verwendet wird. Das bloße Ertönen der Klingel bedeutet für die Kinder: Alle Aufmerksamkeit zur Lehrkraft! Das Klingeln und zwei in die Höhe gereckte Finger heißen: In Zweierreihen aufstellen! Und das Klingeln in Bus oder Bahn steht für: Alle aussteigen!
Des Weiteren sollte es auch bei Ausflügen ein **Belobigungssystem** geben. Dazu führen zwei Ausflugschefs die Zweierreihe an. Diese sind dafür verantwortlich, die gesammelten Herzchen zu zählen und zu verwalten. Herzchen gibt es beim Ausflug beispielsweise für: leises Verhalten in Bus oder Bahn, problemloses Ein- und Aussteigen, wenig Konflikte während des Ausflugs oder gute Beteiligung während der Führung/des Workshops. Diese werden je nach Verhalten und Benehmen der Kinder verteilt. Schaffen die Kinder es, während des Vormittags insgesamt zehn Herzen zu sammeln, erhalten sie dafür fünf Klassensterne (siehe „5.1 Belobigungssysteme“, S. 88–91). Wichtig ist, dass Sie ausschließlich Herzchen für gutes Verhalten geben und keine für schlechtes Verhalten wegnehmen. Das Augenmerk sollte auf der positiven Verstärkung liegen.
Schön ist es, einen Ausflug mit einer Rückmelderunde abzuschließen:
- Was hat dir gut / nicht so gut gefallen?
- Was nimmst du mit (inhaltlich)?
- Woran erinnerst du dich in ein paar Wochen noch?
- Was würdest du gern verändern?
- Warum habt ihr es geschafft / nicht geschafft, zehn Herzchen zu sammeln?

Achten Sie darauf, dass Sie die Schüler zur angegebenen Zeit in den Hort oder nach Hause entlassen, so dass Sie Ihre Aufsichtspflicht nicht verletzen. Sind Sie früher zurück als geplant, müssen Sie die Kinder bis zum verabredeten Zeitpunkt betreuen.

Ausflug: Checkliste, Ablaufplan

KV 12
KV 13

Ausflug: Checkliste KV 12

Wann?	Was?	erledigt
zu Beginn des Schuljahres	Planung und terminliche Abstimmung der Ausflüge	
zwei Monate vorher	genaue Terminabstimmung und feste Buchung in den Institutionen, Theatern, Museen usw.	
spätestens einen Monat vorher	■ Information an die Schulleitung für die Erstellung des Vertretungsplans ■ Information an den Hort ■ Information an die Eltern	
zwei Wochen vorher	■ Gelder einsammeln ■ Begleitpersonen organisieren ■ inhaltliche und thematische Vorbereitung der Schüler	
eine Woche vorher	■ erneute Erinnerung an die Eltern, ggf. auch Erinnerung an die Geldabgabe ■ ggf. Ausflugsgeld im Sekretariat für finanziell schwächere Familien erbitten ■ Verkehrsverbindung und Laufstrecken planen/festlegen	

Feste
Bei Festen innerhalb der Schule kann es sich erstens um solche handeln, die die ganze Schule betreffen: Schulfeste, Tag der offenen Tür, Sponsorenläufe, Weihnachtskonzerte, Basare, Fremdsprachenabende, Sportfeste, Einschulungsfeiern usw.
Diese Art von Festen bedeutet für Sie als Klassenlehrer meist einen geringeren Aufwand. Zum einen sind in der Vergangenheit oftmals schon etliche dieser Feste durchgeführt worden und es liegt bereits ein Konzept vor, das jedes Jahr in ähnlicher Weise abgerufen wird. Meist obliegt die Organisation einer Arbeitsgruppe oder einem bestimmten Fachbereich (Weihnachtskonzerte = Musik, Fremdsprachenabend = Englisch/Französisch).

Über den Ablauf und die Organisation wird häufig in Konferenzen oder auf Dienstbesprechungen kurz informiert und die Klassenlehrer werden unterrichtet, was zu tun ist. Die Aufgaben gehen vom Einstudieren eines Bühnenauftritts über die Betreuung der eigenen Klasse bis hin zur Standbetreuung oder -gestaltung. Hier lassen sich nur schwer Hinweise und Tipps geben, da die Organisation solcher Feste sehr stark von der Schule und der Art des jeweiligen Festes abhängt. Es gilt jedoch wie immer:

- Informieren Sie die Eltern möglichst früh.
- Fragen Sie nach Unterstützung.
- Besorgen Sie Materialien.
- Beginnen Sie frühzeitig mit der Einstudierung.
- Nehmen Sie zu Fachkollegen Kontakt auf und unterstützen Sie, wenn nötig.

Zweitens kann es sich um **klasseninterne Feste** wie Kennenlernfeste, Abschlussfeste, Abschiedsfeste, jahreszeitliche Feste, Weihnachtsbasteln, Faschingsfeiern usw. handeln. Hier sind Sie schon etwas stärker gefordert, denn bei der Organisation klasseninterner Feste sind Sie die treibende Kraft. Bei diesen Festen ist eine frühe Organisation ratsam, weil viele Faktoren berücksichtigt werden müssen.

Im Folgenden möchte ich Sie anhand eines Beispiels, dem Weihnachtsbasteln, mit der Ablaufplanung eines Festes vertraut machen.
Zunächst sollten Sie sich grob Gedanken über den **Ablauf** des Festes machen: Was wollen Sie machen? Was sollen die Kinder an diesem Tag leisten? Wie soll der Tag gestaltet werden? Was benötigen Sie dazu? Wo und wann soll das Ganze stattfinden?
Schließlich beginnen Sie mit der detaillierten **Planung.** Entscheiden Sie, was das Ergebnis des Bastelvormittags sein soll (z. B. weihnachtliche Deko für den Klassenraum) und in welcher Form er ablaufen soll (Stationsarbeit, Einzelarbeit, Freiarbeit usw.). Für solch einen weihnachtlichen Basteltag bietet es sich an, die Kinder von Angebot zu Angebot laufen zu lassen und einen Stationsbetrieb zu organisieren. Erstellen Sie einen kleinschrittigen Plan, bestenfalls mit Zeitangaben, den Sie am Tag selbst auch den Kindern vorstellen. Entscheiden Sie, ob Sie zwischendurch zur Entspannung eine weihnachtliche Geschichte vorlesen oder ein passendes Hörspiel einlegen. Planen Sie ausreichend Stärkungspausen mit Essen und Trinken ein. Gehen Sie auf die Suche nach kindgerechten Bastelangeboten und erstellen Sie jeweils eine Vorlage und eine Anleitung. Anschließend besorgen Sie das nötige Material und bereiten dies so vor (fertigen Kopien an, zeichnen vor), dass dem Basteln des Weihnachtsmannes oder des Engels nichts mehr im Weg steht.

Nachdem Sie Datum und Zeit festgesetzt haben, können Sie die Eltern über Ihr Vorhaben unterrichten. Überlegen Sie sich, ob Sie **Elternunterstützung** benötigen und fragen Sie diese frühzeitig an.
Des Weiteren sollten Sie die Eltern um einen kulinarischen Buffetbeitrag bitten. Eine schöne, aber aufwändigere Alternative zu einem klassischen Buffet gerade zur Weihnachtszeit ist das Backen von Waffeln. Dies kann gut von Schülern oder Eltern übernommen werden. Hier können entweder Listen zum Eintragen ausgehängt werden oder Sie lassen sich ebenfalls über einen Rückläufer mitteilen, was die Kinder mitbringen. Eine alternative und einfachere Möglichkeit wäre, die Verteilung von Speisen und Getränken im Vorfeld vorzunehmen. Dies spart Zeit und verhindert Dopplungen.

Wenn soweit alles durchdacht und organisiert ist, sollten Sie die Schule über Ihr Vorhaben in Kenntnis setzen. Handelt es sich um eine nachmittägliche Veranstaltung muss meist der Hausmeister informiert und Räume oder Flächen auf dem Schulhof müssen reserviert werden. Planen Sie, ein Fest während der Unterrichtszeit durchzuführen, sollten Sie sich für den Tag vom Konrektor ausplanen lassen, so dass Sie den Vormittag über in Ihrer Klasse verbleiben können.

Am Tag selbst bzw. am Vortag sollten Sie ausreichend Zeit für die Vorbereitung des Raumes einplanen. Vielleicht müssen Tische umgestellt werden? Denken Sie auch daran, einen Buffettisch aufzubauen und den Verlaufsplan an die Tafel zu schreiben. Legen Sie das ganze Material bereit, so dass rasch gestartet werden kann und keine Zeit verlorengeht.
Wenn Sie den Kindern den Ablaufplan und die einzelnen Bastelangebote vorher vorstellen und auf die Anleitungen verweisen, ist solch ein Basteltag ein absoluter Selbstläufer, bei dem Sie sich entspannt zurücklehnen, unterstützen und beobachten können.

Klassenfahrten

Klassenfahrten bedeuten für viele Lehrkräfte viel Aufwand und Organisation, eine große Verantwortung, wenig Schlaf und keinen Ausgleich. Grundsätzlich treffen diese Bedenken bei der Durchführung einer Klassenfahrt auch zu, aber die Vorfreude der Kinder, der geförderte Klassenzusammenhalt, die endlose Aufregung und die Dankbarkeit der Schüler entschädigen einen und lassen auch die Lehrkraft eine Klassenfahrt in guter Erinnerung behalten.

Auch hier ist die frühe und genaue Organisation Garant für eine stressfreie und reibungslose Fahrt. Folglich ist eine Vorbereitungszeit von ca. einem halben bis dreiviertel Jahr zu veranschlagen! Möchten Sie also im Frühjahr des laufenden Schuljahres auf Klassenfahrt gehen, sollten Sie spätestens nach den Sommerferien beginnen, sich damit auseinanderzusetzen.
Im Folgenden finden Sie Schritt für Schritt die Vorgehensweise für die Planung und Organisation einer Klassenfahrt erklärt. Dieses Kapitel legt den Fokus weniger auf die Durchführung einer Klassenfahrt, sondern vielmehr auf die Vorbereitung.

Abfrage: Pro oder kontra Klassenfahrt?

Im Allgemeinen ist es Ziel einer Klassenfahrt, alle Schüler der Klasse mitzunehmen und gesund wieder zurückzubringen.
Demnach ist für mich ausschlaggebendes Kriterium für eine Klassenfahrt, dass sowohl Schüler als auch Eltern mit der Durchführung einer Klassenfahrt einverstanden sind. Das heißt im Detail, dass die Schüler einwilligen, die Klassenfahrt anzutreten und die Eltern einverstanden sind, ungeachtet jeglicher und eventueller Finanzierungsprobleme, ihr Kind mitzuschicken.
Aufgrund dessen sollten Sie sich im ersten Schritt ein Meinungsbild der Eltern und Schüler einholen, ob diese einer Klassenfahrt grundsätzlich positiv gegenüberstehen. Dies lässt sich ganz einfach über einen Elternbrief mit Rückläufer zum Ankreuzen erledigen. Auch sollten Sie bereits eine weitere Lehrkraft als zweite Begleitperson ins Auge fassen und diese fragen, ob sie sich eine Begleitung grundsätzlich vorstellen kann.

Informationen einholen

Sollte der Durchführung einer Klassenfahrt seitens der Eltern und Schüler nichts mehr im Weg stehen, können Sie sich der Recherche widmen.
Sammeln Sie Informationen zu verschiedenen Herbergen. Befragen Sie auch Kollegen, die bereits Klassenfahrten durchgeführt haben oder Eltern, deren ältere Kinder in der Vergangenheit an einer teilgenommen haben. Oftmals gibt es in der Schule, beispielsweise im Lehrerzimmer, einen Ordner, in dem entsprechende Broschüren gesammelt werden. Achten Sie darauf, dass Sie nicht allzu weit entfernt vom Heimatort fündig werden, falls Kinder, aus welchen Gründen auch immer, frühzeitig abreisen müssen.

Des Weiteren sollten Sie in geeigneten Unterkünften sogleich verfügbare Zeiträume abfragen und diese für einen gewissen Zeitraum reservieren (noch nicht fest buchen). Im Zuge dessen bietet es sich an, über die Hin- und Rückfahrt nachzudenken. Das An- und Abreisen mit einem Reisebus gestaltet sich mit Klassen und Gepäck am einfachsten. Auch hier sollten Sie erste Angebote einholen, um eine Vorstellung von etwaigen Kosten zu bekommen.

Kostenkalkulation

Ist die Entscheidung bezüglich einer Unterkunft und eines Transportmittels gefallen, können Sie die Kosten für die Klassenfahrt kalkulieren. Berechnen Sie den genauen Betrag für jeden Schüler. Dazu gehört:

- die Unterkunft inklusive Verpflegung
- die An- und Abreise
- eventuelle Eintrittsgelder/Taschengeld
- Transportkosten vor Ort

Die errechnete Summe ist ein vorläufiger Betrag und kann sich je nach Ausgaben vor Ort oder eventuell bei Ausfall von Schülern noch ändern.
Kalkulieren Sie eher großzügig, damit das Geld am Ende reicht und Sie nicht nachträglich noch Gelder von den Eltern eintreiben müssen. Überschüssiges Geld kann entweder nach der Klassenfahrt an die Eltern zurückgezahlt oder für Fotos und andere Projekte zur Nachbereitung der Klassenfahrt eingesetzt werden.

Klassenfahrtskonto einrichten

Wer eine Klassenfahrt durchführen möchte, muss ein separates Klassenkonto dafür eröffnen. Diesen Service bietet leider nicht jede Bank an, aber sicherlich können erfahrene Kollegen Auskunft geben, wo dies möglich ist.
Ein Klassenkonto ist ein ganz normales Girokonto ohne Kontoführungsgebühren, das auf Ihren Namen, jedoch mit dem Vermerk „Klassenkonto" läuft. Beachten Sie, dass Sie für die Abwicklung von Klassenfahrten nicht Ihr eigenes Konto verwenden dürfen. Außerhalb der Klassenfahrt liegende Buchungen dürfen allerdings nicht über dieses Konto vorgenommen werden. Das Konto muss vor und nach der Klassenfahrt auf einen Kontostand von Null gebracht werden.

Anmeldung der Klassenfahrt in der Schule

Um die Klassenfahrt letztlich verbindlich buchen zu können, brauchen Sie zunächst grünes Licht von der Schulleitung. Besprechen Sie, ob der geplante Zeitraum in den Zeitplan der Schule passt und holen Sie sich das mündliche Einverständnis der Schulleitung ein.
Vergessen Sie nicht, um eine weitere Lehrkraft als Begleitung zu bitten. Hier sollten Sie als Klassenfahrtleiter bestimmen dürfen, wen Sie mitnehmen möchten. Es ist wichtig, dass man sich auf solch einer Fahrt miteinander wohlfühlt und einig ist.
Schließlich erhalten Sie ein Formular zur Anmeldung einer Schülerfahrt, welches von Ihnen ausgefüllt und bei der Schulleitung eingereicht werden muss. Um dieses auszufüllen, benötigen Sie bereits einen Zielort, eine Kostenaufstellung, die Namen der mitfahrenden Schüler und Begleitpersonen. Dieses Formular bekommen Sie dann als Kopie unterschrieben für Ihre Unterlagen zurück. Damit gilt die Klassenfahrt als genehmigt und angemeldet.

Schriftliche Anmeldung der Eltern einholen

Zeitgleich mit der Anmeldung der Klassenfahrt bei der Schulleitung senden Sie den Eltern ein Formular nach Hause, mit dem diese ihre Kinder verbindlich zur Klassenfahrt anmelden und sich zur Übernahme der Kosten (durch das Jobcenter) verpflichten. In diesem Schreiben sollten auch der genaue Betrag mit einem Zahlungsziel und die Kontodaten vermerkt sein. Setzen Sie das Zahlungsziel so an, dass Sie ca. einen Monat vor Antritt der Klassenfahrt alle Gelder beisammen haben. Nachzügler gibt es immer.

Klassenfahrt: Einverständniserklärung

KV 14

Klassenfahrt: Einverständniserklärung KV 14

(Name, Vorname der/des Erziehungsberechtigten)

(vollständige Anschrift)

Anmeldung zur Schülerfahrt

Schule: Klasse:

Ziel der Fahrt:

Zeitraum: vom bis

Personalien des Kindes:

Name: Vorname:

Geburtsdatum: Geburtsort:

Buchung einer Unterkunft und eines Transportmittels

Sobald Ihnen die Genehmigung der Schulleitung und die Einverständniserklärungen der Eltern vorliegen, können Sie die tatsächliche Buchung der Unterkunft und des Transportmittels vornehmen. Bitten Sie immer um eine schriftliche Bestätigung Ihrer Buchungen für Ihre Unterlagen.

Wenn Sie das Busunternehmen beauftragt haben und die Reisezeiten feststehen, melden Sie den Bus für beide Fahrten polizeilich an. Dies können Sie im Servicebereich der Homepage der Polizei unter „Buskontrollen" tun. Die Polizei kann, muss aber nicht, den Bus sowie den Fahrer an den Reisetagen auf Sicherheit und Tauglichkeit überprüfen. Dies hat zur Folge, dass Sie bei etwaigen Sicherheitsproblemen des Busses abgesichert sind.

An die Überweisungen erinnern

Meist liegt zwischen dem schriftlichen Einverständnis der Eltern mit Aufforderung zur Zahlung des Klassenfahrtbetrages und dem Zahlungsziel ein längerer Zeitraum. Erinnern Sie die Eltern frühzeitig an die Überweisung und geben Sie erneut die Kontodaten an.

Sollten Sie Familien in Ihrer Klasse haben, die sich die Finanzierung einer Klassenfahrt nicht leisten können, können diese Eltern einen Antrag auf Übernahme der Kosten für eine mehrtägige Klassenfahrt beim Jobcenter, Bezirksamt oder bei der Wohngeldstelle stellen. Diesen Antrag finden Sie im Internet auf der Seite der jeweiligen Stadt oder des Bundeslandes.

Der Antrag muss von den Eltern ausgefüllt und unterschrieben werden und anschließend von der Klassenfahrtleitung, das heißt von Ihnen, vervollständigt und ebenfalls unterschrieben werden, bevor die Eltern ihn einreichen.

Das Jobcenter, Bezirksamt oder die Wohngeldstelle ist in der Regel sehr zuverlässig, was die Zahlung betrifft, überweist aber nicht sehr lange im Voraus. Seien Sie also nicht beunruhigt, wenn das Geld erst knapp vor Ablauf der Frist eintrifft.

Grobes Programm erstellen

Ein Programm für die Klassenfahrt zu erstellen, ist meines Erachtens der schwierigste Teil im Rahmen der Organisation. Sie wissen letztendlich noch nicht hundertprozentig, wie die Gegebenheiten vor Ort sind, wie viel Zeit einige Abläufe brauchen oder wie die Tagesform der Kinder ist. Das ist natürlich anders, wenn Sie in der Vergangenheit bereits mit einer anderen Klasse vor Ort waren. Über die Distanz muss ein möglichst abwechslungsreiches und kindgerechtes Programm auf die Beine gestellt werden.
Zuallererst sollten Sie sich dazu in der Herberge nach festgesetzten Essens-, Ruhe- und Nachtzeiten erkundigen. Einige Herbergen bieten ein Halbtagesprogramm an, welches im Unterkunftspreis bereits inbegriffen ist. Nun gilt es, um diese festen Zeiten herum zu planen. Am Anreisetag sollten Sie beispielsweise ausreichend Zeit einplanen, um die **Zimmer** zu **beziehen.** Betten müssen bezogen und Kleidung wegsortiert werden. Das dauert bei Kindern häufig länger als bei Erwachsenen. Anschließend ist es sinnvoll, einen **Rundgang** in der Herberge und über das Gelände mit der ganzen Klasse vorzunehmen. Besprechen Sie mit den Kindern, wo die Grenzen der Anlage sind und wo sich die Kinder nicht mehr aufhalten sollen.
Falls kein Programm von der Herberge angeboten wird, sollten Sie **Ausflüge in Museen oder Wanderungen** immer nur für einen halben Tag, sprich entweder vor- oder nachmittags organisieren, denn die Kinder sollen ja auch noch Zeit zum Spielen haben. In Bezug auf die Freizeitgestaltung kann Ihnen die Herbergsleitung sicher mit Informationen zur Seite stehen.
Planen Sie für die zweite Tageshälfte am besten **Aktivitäten rund um die Herberge:** sportliche Aktivitäten, Wettbewerbe, Forscheraufgaben. Denken Sie auch daran, alternative **Angebote für Regentage** parat zu haben: Knobelaufgaben, Bastel- und Malangebote, Hörspiele, Spiele, Bücher.
Gehen wir im Folgenden davon aus, dass Sie bereits am Vormittag einen Ausflug gemacht haben. Um Sie selbst zu entlasten und Ihnen Zeit für die weitere Organisation des Tages einzuräumen, bietet es sich an, jeden Tag nach dem Mittagessen eine einstündige **Mittagspause** in das Programm einzupflegen. In dieser sollten sich die Kinder leise im Haus oder auf den Zimmern miteinander oder allein beschäftigen. Die Schüler können die Zeit nutzen, um zu lesen, zu schlafen, zu ruhen oder Spiele zu spielen.
Treffen Sie sich nach der Mittagspause zu einer **Besprechung** im Aufenthaltsraum. Geben Sie den Kindern Instruktionen für den nächsten Programmpunkt. Denkbar wären nun Aktivitäten wie Tagesberichte oder Briefe zu schreiben oder eine Ganzschrift zu lesen. Schließlich mündet diese Phase in das **Abendessen.** Nach dem Abendessen empfiehlt es sich, eine **Dusch-** und **Aufräumzeit** vorzusehen. Setzen Sie eine Uhrzeit fest, zu der sich alle geduscht im Aufenthaltsraum wiedertreffen. Als **abendliche Aktivitäten** sind ein DVD-Abend, ein Vorleseabend, ein Discoabend, ein Talentabend oder eine Modenschau denkbar.

Am letzten Abend sollten Sie vor dieser abendlichen Aktivität ausreichend Zeit zum **Kofferpacken** lassen. Nehmen Sie sich an diesem Abend auch Zeit für eine **Rückmelderunde** und für das Austeilen von Urkunden.
Schließlich sollten die Schüler nach dieser Abendveranstaltung auf ihre Zimmer gehen und bis zur verabredeten absoluten Nachtruhe langsam zur Ruhe kommen. In dieser Zeit empfiehlt es sich für die Lehrkraft, einen **Rundgang** durch alle Zimmer zu machen und diese auf Sauberkeit und Ordnung zu überprüfen.
Das Programm kann sich aus verschiedensten Gründen auch kurzfristig noch ändern. Besprechen Sie mit den Kindern deshalb immer nur das Tagesprogramm vor, so können Änderungen berücksichtigt und Enttäuschungen vermieden werden.

Klassenfahrtselternabend

Wie ein Elternabend grundsätzlich organisiert werden sollte, ist bereits im Kapitel „Elternabende" (S. 42–46) genauer beschrieben worden. Da es aber beim Elternabend unmittelbar vor der Klassenfahrt einige besondere Punkte zu beachten gibt, sollen diese hier noch einmal ausgeführt werden.
Veranstalten Sie den Elternabend drei bis vier Wochen vor Antritt der Fahrt und halten Sie ihn am besten mit der Lehrkraft ab, die Sie auf der Fahrt begleitet.
Verteilen Sie an jedes Elternteil ein Materialpaket, das Folgendes enthält:

- Ankündigungsschreiben
- einen Flyer der Herberge/Unterkunft
- Erklärung
- Zeitplan/allgemeine Infos
- Ausstattungsliste
- vorläufiges Programm
- Vertrag/Regeln

Sprechen Sie die einzelnen Materialien durch. Das Ankündigungsschreiben sollte die Daten der Herberge sowie Ankunfts- und Abfahrtszeiten enthalten. Des Weiteren sollten Sie den Eltern mitteilen, dass Sie den Bus polizeilich angemeldet haben, so dass diese sich am Abreisetag nicht über eine mögliche Polizeipräsenz wundern. Sie können die Eltern auch bitten, einen Brief an ihr Kind per Post an die Herberge zu schicken.

Klassenfahrt: Ankündigungsschreiben

KV 15

Klassenfahrt: Ankündigungsschreiben KV 15

Unsere Klassenfahrt

nach ____________________

Bild einfügen

Stellen Sie anhand des **Flyers der Herberge** kurz die Unterkunft sowie die Anlage vor:

- Wie ist die Essenszubereitung? Wird die Herberge beliefert oder wird selbst gekocht? Können Allergien, Essgewohnheiten usw. berücksichtigt werden?
- Welche sportlichen Aktivitäten können auf dem Gelände durchgeführt werden?
- Wie groß sind die Zimmer?
- Bietet die Herberge ein Programm an? Wenn ja, welches?

Bei der **Erklärung** handelt es sich in erster Linie um die Abfrage von Krankenkasse, Allergien und Medikamentenbedarf. Laut Ausführungsvorschrift dürfen Lehrer ihren Schülern keine Medikamente verabreichen, sondern ihnen diese lediglich in die Hand geben. Nehmen müssen die Kinder das Medikament selbst. Betonen Sie, dass Medikamente mit genauer Dosierungsbeschreibung an Sie abgegeben werden müssen und diese nichts in den Koffern der Kinder zu suchen haben.
Des Weiteren bestätigen die Eltern in der Erklärung, dass sie über die Konsequenzen von Regelverstößen unterrichtet sind und diese akzeptieren. Geben Sie den Eltern eine Frist, bis wann sie die Krankenkassenkarten und Impfbücher der Schüler eingereicht haben müssen. Teilen Sie den Eltern auch mit, dass erkrankte Kinder bis zur vollständigen Gene-

sung zu Hause bleiben sollen. Sie haben weder die Möglichkeiten, noch die Zeit, sich um kranke Kinder zu kümmern. Sollte ein Schüler vor Ort krank werden, beobachten Sie den Krankheitsverlauf 24 Stunden und entscheiden dann, ob das Kind bleiben kann oder abgeholt werden muss.
Außerdem willigen die Eltern ein, ungeplante Transportkosten bei vorzeitiger Rückfahrt durch Heimweh, Regelverstöße oder im Krankheitsfall selbstständig zu tragen.

Klassenfahrt: Erklärung, Zeitplan

KV 16

KV 17

Klassenfahrt: Erklärung KV 16

Name der Schule

Adresse Schule

Erklärung

1. Unser Kind, ______________, ist bei folgender Krankenkasse versichert:

Auf dem **Zeitplan** sollten Daten und allgemeine Infos im Überblick für die Eltern vermerkt sein.
Sammeln Sie Gesellschaftsspiele, DVDs und CDs mit Namen beschriftet rechtzeitig vor Fahrtantritt ein. Auch Süßigkeiten sollten Sie verwahren und bei Bedarf austeilen. Sagen Sie den Eltern, dass sie nicht mehr Süßigkeiten mitgeben sollen, als ihr Kind sonst in fünf Tagen essen würde. Alles andere ist zu viel.
Jedes Kind sollte einen Brief von seinen Eltern im Koffer haben und einen per Post erhalten. Des Weiteren empfiehlt es sich, Mineralwasser und gegebenenfalls auch Multivitaminbrausetabletten mitzunehmen. Bitten Sie dafür um Spenden.
Erinnern Sie die Eltern an Frühstück und Getränke für die Hinfahrt mit dem Bus. Die nächste Mahlzeit wird sicherlich erst das Mittagessen in der Herberge sein.
Wählen Sie unter den Eltern einen Ansprechpartner für die Zeit der Klassenfahrt aus. Dieser sollte auch am ersten Tag der Fahrt zuverlässig erreichbar sein. Nach Ankunft des Busses kann der Ansprechpartner einen Rundruf bei den Eltern starten. Auch freuen sich die Eltern sicherlich über eine tägliche SMS an den Vertreter, die dieser dann weiterleiten kann. Weisen Sie die Eltern darauf hin, dass Anrufe in der Herberge nicht erwünscht sind und vertrösten Sie sie darauf, dass Sie sich melden werden, wenn etwas vorfällt.
Zuletzt sollten Sie darüber abstimmen, ob die Kinder Taschengeld und, wenn ja, in welcher Höhe mitnehmen dürfen. Dieser Betrag sollte bei einstimmiger Abstimmung weder unter- noch überschritten werden.
Die **Ausstattungsliste** sollte all das umfassen, was die Kinder auch wirklich dabei haben sollen. Die Schüler sollten in der Lage sein, ihre Koffer allein zu packen. Zum einen garantiert dies, dass die Schüler auch bei der Abreise selbstständig packen können, zum anderen wissen sie so, was ihnen gehört. Eine Checkliste im Koffer kann zusätzlich hilfreich sein.
Weisen Sie die Eltern ebenfalls darauf hin, dass die Schüler das Beziehen von Betten üben sollen. Darum muss sich jedes Kind vor Ort allein kümmern. Betonen Sie, wenn Bettwäsche und Handtücher benötigt werden. Sollte es Bettnässer geben, bitten Sie die Eltern um die Mitgabe einer entsprechenden Unterlage.
Außerdem ist es ratsam, Zeckenspray und Sonnencreme mitzunehmen. Fragen Sie auch hier nach Spenden und verwahren Sie diese für die Klasse.
Stellen Sie den Eltern anschließend Ihr **vorläufiges Programm** vor und betonen Sie, dass sich dies jederzeit ändern kann.

Klassenfahrt: Ausstattungsliste, Vertrag

KV 18

KV 19

Klassenfahrt: Ausstattungsliste KV 18

Bitte nur einen Reisekoffer oder eine Reisetasche (nur 1 Teil) mitgeben!!!

Bitte alle Teile mit dem Namen des Kindes versehen!!

Unbedingt notwendig:

- 1 Kuscheltier
- 1 Schlafanzug
- 1 Hand- u. 1 Badetuch, 1 Waschlappen
- Kulturbeutel mit Seife, Duschgel, Shampoo
- Zahnbürste, -pasta, Becher, Kamm o. Bürste
- Heftpflaster, ggf. Zahnspangendose
- Papiertaschentücher

Schließlich sollten Sie im Vorfeld **Regeln** formuliert und Konsequenzen ausgearbeitet haben – bestenfalls mit Ihrer Begleitung. Diese können in Form eines **Vertrages** mit den Kindern vereinbart werden. Es reicht, wenn Sie den Eltern diese Regeln schriftlich präsentieren und sie somit über die Regeln in Kenntnis setzen. Verweisen Sie darauf, dass Sie diese mit den Schülern gemeinsam im Unterricht besprechen werden. Erläutern Sie dennoch kurz die Konsequenzen bei Nichtbeachtung der Regeln. Es ist sinnvoll, ähnliche Erziehungsmaßnahmen wie in der Schule anzuwenden. Ein Vorschlag:

- Bei Gewalt (absichtliches und vorsätzliches Verletzen eines Kindes usw.), Verlassen der Gruppe/des Geländes oder Mobbing findet eine Rückfahrt auf eigene Kosten statt.
- Wer drei Ermahnungen bekommt, fährt ebenfalls nach Hause (bei zwei Ermahnungen rufen Sie schon einmal zu Hause an).

Das hört sich zunächst sehr hart an. Sie können jedoch davon ausgehen, dass auch verhaltensauffällige Kinder sich auf einer Klassenfahrt und in Abwesenheit der Eltern ganz anders verhalten. Ich habe es bis jetzt noch nicht erlebt, dass ein Kind aufgrund der oben genannten Handlungsweisen eine Klassenreise frühzeitig verlassen musste.

Schließen Sie den Elternabend mit einer Fragerunde. Denken Sie daran, nicht anwesende Eltern mit dem Materialpaket zu versorgen.

Packen und vorbereiten

Sobald Sie die ersten Spiele, Süßigkeiten, DVDs oder CDs in die Schule gebracht bekommen, können Sie mit dem Packen beginnen. Es bietet sich an, große Plastikkisten zu verwenden, da diese gut stapel- und verstaubar sind.
Besorgen Sie, wenn nötig, Bastelmaterial. Überlegen Sie, welche Materialien Sie als Lehrkraft zusätzlich bereitstellen möchten: Knobelhefter, Rätselblätter, Malvorlagen, Ganzschriften mit Freiarbeitsheft, Tagesberichtblätter usw. Vieles können Sie schon frühzeitig kopieren und vorbereiten.
Auch sollten Sie sich Gedanken machen, ob Sie Urkunden austeilen wollen. Denkbar wären z. B. Urkunden für:

- das leiseste Zimmer
- das ordentlichste Zimmer
- erfolgreiche Teilnahme an der Klassenfahrt
- sportliche Aktivitäten

Urkunden können am Computer leicht erstellt und kopiert werden, so dass Sie auf der Klassenfahrt nur noch die entsprechenden Namen einsetzen müssen.
Denken Sie auch an Mülltüten, Krepp- und Klebeband, Scheren, Taschentücher, Küchenrolle, CD-Player und weißes Malpapier. Sollten Sie planen, mit den Kindern Briefe nach Hause zu schreiben, besorgen Sie Briefpapier, Umschläge und Briefmarken. Tragen Sie für sportliche Beschäftigungen Bälle, Seile oder Tennisschläger zusammen.
Je mehr Sie frühzeitig zusammenstellen, desto weniger können Sie am Ende vergessen.

Überweisungen tätigen und Bestätigungen einholen

Ungefähr zwei Wochen vor der Klassenfahrt sollten Sie daran denken, die Gelder an die Unterkunft und das Busunternehmen zu überweisen. Da vermutlich seit Ihrem ersten Kontakt einige Monate vergangen sind, bietet es sich an, die Herberge und das Busunternehmen nochmals direkt zu kontaktieren und sich erneut der Buchungen zu versichern. Manchmal bekommen Sie auch noch eine Bestätigung mit der Bitte um Unterzeichnung zugeschickt.
Des Weiteren sollten Sie das nötige Bargeld, das Sie auf der Klassenreise z. B. für Eintrittsgelder benötigen, abheben. Einige Klassenkonten haben ein Abhebelimit, so dass Sie unter Umständen auf der Klassenfahrt nicht den gewünschten Betrag abbuchen können.

Vorbereitung mit Schülern

Beginnen Sie innerhalb der Klasse ca. ein bis zwei Wochen vor Fahrtantritt mit der Vorbereitung der Reise.
Das Wichtigste und Aufregendste an der Klassenfahrt ist für die Schüler oft die **Zimmerverteilung.** Dazu bietet es sich an, kleine Häuschen mit einem blauen (für die Jungen) oder roten Dach (für die Mädchen) und der zu belegenden Personenanzahl auszuteilen. Lassen Sie die Schüler ihr Namensschild erst einmal selbst in die Häuser legen. Meist werden sich die Kinder recht schnell einig. Sollten Sie irgendwo Bedenken haben, äußern Sie diese. Geben Sie den Schülern aber die Chance, Ihnen zu beweisen, dass bestimmte bedenkliche Konstellationen auch klappen können. Schließlich sollte sich jedes Zimmer einen Namen ausdenken und dazu ein Plakat gestalten, das an die Tür geklebt wird.
Überlegen Sie sich ein **Belobigungssystem für aufgeräumte Zimmer.** Beispielsweise wäre es denkbar, dass die Zimmer pro Tag jeweils vier Sterne ergattern können: für einen aufgeräumten Boden, für gemachte Betten, für aufgeräumte Schränke und für eine Überraschung (kleiner Auftritt, Gedicht usw.). Am Ende der Klassenfahrt wird das Zimmer mit den meisten Sternen gekürt und erhält einen kleinen Preis. Ich kann Ihnen versichern, dass es sehr schwierig wird, nur ein Zimmer als ordentlichstes Zimmer zu küren: Alle Schüler werden sich enorme Mühe geben, Sterne zu sammeln.
Stellen Sie anschließend das **Programm** grob vor. Verzichten Sie auf zu viele Einzelheiten, die sich die Kinder sowieso nicht merken können. Verweisen Sie vielmehr darauf, dass jeden Tag das Tagesprogramm besprochen und an Ihrer Tür ausgehängt wird. Nennen Sie in diesem Zusammenhang die Essens- und Ruhezeiten. Im Zuge dessen bietet es sich an, auch das Material kurz durchzusprechen. Sagen Sie den Kindern vorher, welche **Beschäftigungsmöglichkeiten** (Knobelhefte, Rätsel, Mandalas, Ausmalbilder, Bastelangebote, Sportangebote usw.) zur Verfügung stehen und wo sie diese finden. Lediglich auf die Anfertigung der Tagesberichte sollten Sie etwas mehr Zeit verwenden. Besprechen Sie im Rahmen des Deutschunterrichts Kriterien eines Tagesberichts und üben Sie diese mehrmals. Teilen Sie die Schüler schon vor der Klassenfahrt für die Tagesberichte ein. Sollten Sie während der Klassenreise eine Ganzschrift lesen, führen Sie die Kinder auch

hier schon vorab in die Arbeit mit einem möglichen Lesebegleitheft ein. Es ist ratsam einen Klassenfahrtshefter für jedes Kind mitzunehmen, in dem alle Materialien gesammelt werden können.
Schließlich sollten Sie die **Regeln** und die dazugehörigen Konsequenzen mit den Schülern ausführlich besprechen. Lassen Sie diese wiederholen, sodass die Kinder sich der Vorschriften wirklich bewusst sind. Mit ihrer Unterschrift unter den Regelkatalog stimmen die Schüler zu und versprechen gleichzeitig, zu versuchen, die Regeln einzuhalten. Die Regeln sollten auch sichtbar für alle während der Klassenfahrt an Ihrer Tür hängen.
Des Weiteren sollten Sie einen **Tischdienst** einplanen. Erklären Sie den Kindern, was der Tischdienst zu tun hat und teilen Sie sie dafür ein. Eine Übersichtsliste können Sie später ebenfalls an Ihrer Tür anbringen.
Damit es keinen Ärger am Abreisetag gibt, teile ich die **Sitzplätze im Bus** (Wer sitzt mit wem?) vorher zu. Besprechen Sie auch noch einmal wie man sich in einem Reisebus verhält:

- Lautstärke
- Fragen an den Fahrer
- Toilettengänge
- Anschnallpflicht
- Essen und Trinken sind verboten
- Herumlaufen ist untersagt

Im Rahmen des Sachunterrichts wäre es auch denkbar, den **Weg zum Zielort** mit den Kindern zu behandeln. Vielleicht fahren Sie in ein anderes Bundesland, kommen an interessanten Städten/Flüssen vorbei oder die Gegend ist aufgrund von Flora und Fauna interessant?

Durchführung der Klassenfahrt

Genießen Sie aufgrund einer gut durchdachten Vorbereitung eine stressfreie Klassenfahrt. Setzen Sie sich jeden Abend mit Ihrer Begleitung zusammen und erstellen Sie das Programm für den nächsten Tag. Hängen Sie dies täglich an Ihrer Tür aus. Denken Sie daran, die Kinder gegebenenfalls mit Medikamenten zu versorgen.
Reagieren Sie auf Regelverstöße ganz konsequent – ansonsten wird Ihre Gutmütigkeit womöglich ausgenutzt. Es wurde alles im Vorhinein besprochen und es gibt für die Schüler keinen Grund, sich nicht an die vereinbarten Regeln zu halten.

Nachbereitung der Klassenfahrt

Die Nachbereitung einer Klassenfahrt kann ganz unterschiedlich aussehen und muss jeweils dem zeitlichen Druck angepasst werden.
Zum einen ist es denkbar, ein **Tagesberichteheft** als Erinnerung für alle Schüler zu kopieren oder ein kleines **Fotobuch** bzw. eine Foto-CD zu erstellen. Dies lässt sich insbesondere dann gut realisieren, wenn noch Gelder übrig sind.
Zum anderen können Sie die Klassenfahrt in Gruppen aufarbeiten und zu jedem Tag einen **Tagebucheintrag** erstellen lassen. Demnach würden fünf Gruppen (bei fünf Tagen) jeweils einen Tag auf einem Plakat schriftlich darstellen und mit Zeichnungen, Broschüren, Fotos, Aufklebern, Zeitungsausschnitten usw. anreichern. Diese Plakate können als Ausstellung für eine Weile im Klassenraum oder auf den Fluren aufgehängt werden. In abgewandelter Form ist dies auch im DIN-A4-Format möglich – dann besteht zusätzlich die Möglichkeit, die Seiten als Tagebuch für alle zu kopieren und zu heften.
Größeren Aufwand würde eine **Klassenfahrtsrevue** bedeuten, da diese an einen nachmittäglichen Termin gebunden ist. Möglicherweise kann die Aufführung auch an ein Schuljahresabschlussfest oder ein Abschiedsfest gekoppelt sein. Zu einer Klassenfahrtsrevue werden Eltern sowie Schüler eingeladen. Fotos der Klassenfahrt und/oder die

Tagebucheinträge können den Klassenraum schmücken. Organisieren Sie mit den Eltern ein kleines kulinarisches Buffet. Der Höhepunkt einer solchen Klassenfahrtsrevue ist eine kleine Aufführung, die sich aus Liedern, Tänzen und Beiträgen der Schüler ergibt. Vielleicht haben Sie auf der Klassenfahrt immer bestimmte Lieder gesungen oder Tänze einstudiert, die hier zum Besten gegeben werden können. Denkbar wären auch Beiträge vom Talentabend, von der Modenschau, den Überraschungen bei der Zimmerkontrolle oder Gedichte. Die Aufführung muss nicht aus neu einstudierten Programmpunkten bestehen, nutzen Sie das, was Sie ohnehin schon für die Klassenfahrt vorbereitet haben. Zwei Schüler können die Moderation übernehmen und durch das Programm führen.
Das Ausmaß der Nachbereitung einer Klassenfahrt richtet sich also nach der Ihnen zur Verfügung stehenden Zeit und nach Ihrer eigenen Motivation, nach der ohnehin schon anstrengenden Zeit der Klassenfahrt ein Fest oder Ähnliches zu organisieren.

Abrechnung

Die Abrechnung der Klassenfahrt ist der letzte und gleichzeitig unbeliebteste Schritt, den Sie vornehmen müssen, um diese erfolgreich abzuschließen.
Dazu benötigen Sie ein Formular zur Abrechnung von Schülerfahrten. Des Weiteren brauchen Sie ein Formular, mit dem Sie Ihre eigenen „Dienstreisekosten" abrechnen können. Beides erhalten Sie vermutlich im Sekretariat oder bei der Schulleitung. Füllen Sie die Formulare gewissenhaft aus.
Ausgaben, die sich nicht allein aus dem Formular heraus erklären, sollten Sie in einer Anlage erläutern. Fügen Sie alle Originalquittungen als Anlage an. Einfacher ist die Abrechnung, wenn Sie das eingesammelte Geld auch tatsächlich ausgegeben haben. Das Klassenfahrtskonto sollte in diesem Fall einen Stand von plus/minus null anzeigen. Legen Sie der Abrechnung alle Kontoauszüge bei.
Sollten Gelder übrig sein, müssen Sie diese an die Eltern und an das Jobcenter, Bezirksamt oder an die Wohngeldstelle zurückzahlen. Meist handelt es sich hier um Centbeträge und der Aufwand dafür ist groß – hier zeigt sich, wie wichtig es ist, eine möglichst genaue Kostenkalkulation zu machen.
Kopieren Sie alle Unterlagen, da Sie die Originale aus der Hand geben müssen. Das Formular zur Abrechnung der Schülerfahrt muss den Elternvertretern zur Sichtung, Prüfung und Unterschrift vorgelegt werden. Schließlich reichen Sie die kompletten Unterlagen bei der Schulleitung ein. Auch diese prüft und unterschreibt die Abrechnung. Je nach Bundesland verbleibt die Abrechnung dann in der Schule oder wird zur weiteren Prüfung an die Senatsverwaltung geschickt.

Besondere Anlässe: Die Lesenacht

Eine Lesenacht meint das Übernachten einer oder mehrerer Klassen in der Schule. Im Fokus steht dabei das Lesen (Anregungen dazu finden Sie auch auf dem Bildungsserver Ihres Bundeslandes im Internet).
Solch eine Lesenacht kann auf unterschiedlichste Weise organisiert werden. Sie kann unter einem **bestimmten Motto** (wie z. B. Blaue Lesenacht, Piratenlesenacht, Schaurige Lesenacht), zu einem **bestimmten Autor** (Kästners Lesenacht, Maars Lesenacht usw.) oder aber zu einem **bestimmten Buch** stattfinden. Weiterhin ist es denkbar, eine Lesenacht losgelöst von den oben genannten Schwerpunkten zu planen und jedes Kind ein **eigenes Buch** mitbringen und lesen zu lassen.
An vielen Schulen steht das Lesen mindestens einer Ganzschrift im Schulhalbjahr im schulinternen Curriculum für die dritte und vierte Klasse. Eine Lesenacht ist somit ein

schöner Anlass, dies kindgerecht zu verpacken und den Kindern das Lesen näher zu bringen.

Unabhängig von dem gewählten Fokus Ihrer Lesenacht gilt es, diese akribisch zu planen und vorzubereiten. Bevor Sie mit der inhaltlichen Planung einer Lesenacht beginnen, legen Sie ein Datum fest. Am besten macht sich die Nacht von Freitag auf Samstag, da die Kinder und Sie auf diese Weise das restliche Wochenende zur Erholung und zum Ausschlafen nutzen können.

Führen Sie anschließend eine Teilnahmeabfrage unter Bekanntgabe des Termins bei den Eltern durch. Bei solch einem teambildenden und erinnerungsreichen Klassenvorhaben sollten – ähnlich wie bei Klassenfahrten – möglichst alle Schüler teilnehmen. Legen Sie nun einen Themenschwerpunkt, unter dem die Lesenacht stattfinden soll, fest.

Lesenacht: Checkliste, Ablaufplan

KV 20

KV 21

Lesenacht: Checkliste KV 20

Wann?	Was?	Wer?	erledigt
2 Monate vorher	■ Festlegung eines Termins ■ Teilnahmeabfrage bei den Eltern	Klassenlehrer/ Deutschlehrer	
1 Monat vorher	■ Information über Lesenacht an Schulleitung, Hausmeister und ggf. Polizeidienststelle	Klassenlehrer/ Deutschlehrer	
3 Wochen vorher	■ Schwerpunktsetzung der Lesenacht ■ Buch auswählen ■ Planung der Einbettung der Ganzschrift in den Deutschunterricht ■ ggf. Erstellung von Material	Klassenlehrer/ Deutschlehrer	
2 Wochen vorher	■ Ablaufplan erstellen ■ mit Ganzschrift ggf. schon beginnen ■ Materialien einführen (Lesebegleitheft) ■ genaues Informationsschreiben und Packliste an die Eltern ■ weitere Aufsichtsperson organisieren ■ Beschäftigungsangebote überlegen und	Klassenlehrer/ Deutschlehrer	

Im Folgenden soll die Organisation einer Lesenacht zu dem Buch „Die kleine Eule" von Jill Tomlinson genauer erläutert werden. Das Thema der Eule soll sich in verschiedenen Bereichen wiederfinden.

Da Sie es nicht schaffen werden, ein ganzes Buch in einer Lesenacht mit der Klasse durchzulesen, sollten Sie sich vorab überlegen, ob Sie schon vorher im Rahmen des Deutschunterrichts mit der Behandlung der Ganzschrift beginnen. Um das Leseverständnis der Schüler zu schulen und zu überprüfen, bietet es sich an, ein **Lesebegleitheft** einzusetzen. Diese gibt es teilweise zu kaufen, lassen sich aber auch recht schnell selbst erstellen. Auch sollten Sie vorbereitend auf die Lesenacht mit den Schülern über die Autorin des Buches sprechen.

Sofern Sie sich im Klaren darüber sind, wie die Ganzschrift in Ihren Deutschunterricht eingebettet werden soll, können Sie mit der direkten Vorbereitung auf die Lesenacht losgehen.

Nachdem Sie die Eltern über Ihr Vorhaben informiert haben, senden Sie ein genaues **Informationsschreiben** inklusive einer **Packliste** nach Hause. Weiterhin sollten Sie sich Gedanken machen, wie die **Verpflegung** der Schüler aussehen kann. Getränke, Snacks sowie das Frühstück am Samstagmorgen können von den Eltern mitgebracht werden. Möglicherweise gibt es engagierte Eltern in der Klasse, die sich bereit erklären, am Abend Spaghetti mit Tomatensauce oder Ähnliches in der Schulküche für alle Kinder vorzubereiten. Ansonsten ließe sich auch Pizza bestellen.

Des Weiteren sollten die Schulleitung und der Hausmeister über die Lesenacht informiert werden. Auch ist es ratsam, die zuständige Polizeidienststelle zu benachrichtigen, damit die Beamten sich nicht über Licht oder Geräusche aus der Schule wundern.

Denken Sie daran, dass Sie möglicherweise **Unterstützung** benötigen. Auch diese sollten Sie frühzeitig organisieren. Vielleicht gibt es Kollegen, die an der Lesenacht teilnehmen möchten. Andernfalls müssen Sie auf elterliche Unterstützung hoffen.

Nun können Sie Ihre Aufmerksamkeit dem **Ablauf** der Lesenacht widmen. Nutzen Sie den Freitagmorgen dazu, mit den Kindern zum einen den Ablauf der bevorstehenden Lesenacht durchzusprechen und den Klassenraum vorzubereiten. Dazu gehört es, Liegeplätze an die Kinder zu verteilen, damit es später keinen Streit gibt. Platzieren Sie die Tische so im Raum, dass jeweils zwei Kinder mit den Köpfen unter den Tischen liegen können. Zum anderen sollten Sie Regeln (ähnlich wie die zur Klassenfahrt) aufstellen und diese von allen Kindern unterschreiben lassen.

Machen Sie sich außerdem Gedanken, wo die Klasse essen soll. Es ist mit Sicherheit sinnvoll, das „Catering" aus dem Klassenraum auszulagern. Vielleicht können Sie den Nachbarklassenraum nutzen? Bereiten Sie eine lange Tafel mit Papptellern, Plastikbesteck und Servietten vor.

Am Freitagnachmittag treffen alle Schüler der Klasse gegen 17 Uhr in der Schule/im Klassenraum ein. Unterrichten Sie die Eltern vorher, dass sie ihre Kinder nur abgeben und sich dann möglichst schnell verabschieden sollen. Ansonsten sind Sie mehr mit den Eltern als mit den Kindern beschäftigt.

Nutzen Sie die nächste Stunde, um die Betten (Isomatte/Luftmatratze, Schlafsack/Bettdecke und Kissen) mit den Schülern zusammen aufzubauen. Die Tische an den Kopfenden können als Ablagefläche für Kleidung und Rucksäcke der Schüler genutzt werden. Die Ablagefläche unter dem Tisch ist für eine Taschenlampe und ein mitgebrachtes Buch gedacht.

Lassen Sie die Mitte des Klassenraumes frei und dekorieren Sie hier z. B. ein Lesepult mit Organzatüchern oder einen Lesestuhl mit Samtstoff und vielleicht einigen Teelichtern oder Kerzen. Kleine, aus Tonpapier mit den Kindern vorher gebastelte Eulen könnten den Raum noch zusätzlich schmücken.

Um 18 Uhr ist es Zeit für das Abendessen. Um dem Ganzen den Charakter eines Candle-Light-Dinners zu verleihen, können sich die Kinder in Paaren (Junge und Mädchen) anstellen und in das „Restaurant" (benachbarter Klassenraum) hinüberlaufen. Spielen Sie ein wenig Musik zur Untermalung. Achten Sie darauf, dass die Kinder ihren Platz aufgeräumt verlassen.

Nach dem Essen bietet es sich an, eine Vorleserunde einzubauen. Die Schüler versammeln sich in der Mitte des Klassenraumes und lauschen der Geschichte. Die erste Leseeinheit kann auch von dem unterstützenden Kollegen oder Elternteil übernommen werden. In dieser Zeit können Sie sich beispielsweise um den Abbau des „Restaurants" kümmern. Haben Sie ausreichend Exemplare des Buches in der Schule, können auch Schüler Passagen vorlesen. Dämmen Sie das Licht etwas und erzeugen Sie eine gemütliche und kuschelige Atmosphäre. Vielleicht teilen Sie nebenbei ein paar mitgebrachte Snacks aus.

Gegen 20 Uhr sollten die Schüler beginnen, sich bettfertig zu machen (Zähne putzen, Schlafanzug anziehen, Haare kämmen usw.). Je nach den sanitären Voraussetzungen wird dies einige Zeit in Anspruch nehmen. Die Kinder, die eher fertig sind, können sich mit ihrer Taschenlampe und ihrem eigenen Buch in ihr Bett legen und ein wenig lesen.

Eine Nachtwanderung entweder durch die dunkle Schule oder in der unmittelbaren Schulumgebung kann einen schönen Höhepunkt der Lesenacht bilden. Möglicherweise kann der Hausmeister Sie hier mit einigen „geheimen Orten" an der Schule vertraut machen. Erfinden Sie kleine Geschichten und Anekdoten zu diesen Orten, so dass die

Nachtwanderung an Spannung gewinnt. Natürlich sollen Sie den Kindern keine Angst machen.
Zurück von der Nachtwanderung sollten alle Schüler in ihre Betten schlüpfen. Dann ist es Zeit, eine zweite Vorleserunde anzuschließen. Schalten Sie das Licht aus und nehmen Sie eine Kerze oder eine Taschenlampe zu Hilfe. Dies erzeugt eine gemütliche Stimmung und lässt einige Kinder mit Sicherheit wegdämmern.
Im Anschluss an die Vorleserunde bleiben die Schüler in ihren Betten und lesen in ihren mitgebrachten Büchern. Gegen 22 Uhr herrscht Nachtruhe.

Am nächsten Morgen bietet es sich an, die Kinder nach dem Zähneputzen mit einigen Zusatzangeboten (z. B. auf dem Flur) zu beschäftigen:

- im Lesebegleitheft arbeiten
- kleinere Gruppenaufgaben zum Inhalt des Buches lösen
- das eigene, mitgebrachte Buch vorstellen
- ein Eulenlesezeichen basteln
- Mandalas ausmalen
- Flechteulen anfertigen

Die Zusatzangebote richten sich nach der Wahl Ihres Themenschwerpunktes. Je nach Wetterlage ist auch eine Spielzeit auf dem Schulhof denkbar. Beginnen Sie frühzeitig damit, die Betten der Kinder abzubauen und die Sachen packen zu lassen.
Gegen 10 Uhr können die Eltern zu einem gemeinsamen Frühstück dazukommen. Wie bereits oben erwähnt, kann jede Familie einen Frühstücksbeitrag leisten. Die gemeinsame Mahlzeit kann in Buffetform je nach Wetter entweder draußen oder drinnen stattfinden.
Stellen Sie sicher, dass Ihnen die Schüler und Eltern vor Verlassen der Schule beim Aufräumen des Klassenraumes behilflich sind, damit Sie nicht mit allem allein dastehen.

Eine Lesenacht hinterlässt meist bei allen Beteiligten einen bleibenden positiven Eindruck. Neben dem Übernachten in der Schule wird auch das gemeinsame Lesen zu einer prägenden Erinnerung.

Morgenkreis, Klassenrat & Co

Sowohl der Morgenkreis als auch der Klassenrat sind im Grunde genommen Methoden, die eingeführt werden und durch ihre wöchentlichen Wiederholungen irgendwann zum Ritual und somit zum Selbstläufer werden.
Führen Sie regelmäßig den Morgenkreis oder den Klassenrat durch, erspart Ihnen dies die Vorbereitung von zwei Stunden in der Woche. Sie profitieren nach detaillierter Einführung also auch davon. Des Weiteren fordern die Schüler meist den Morgenkreis oder Klassenrat bei Ihnen ein und sind ziemlich enttäuscht, wenn diese aus organisatorischen Gründen einmal ausfallen.
Im Folgenden sollen der Morgenkreis und eine Möglichkeit, einen Klassenrat abzuhalten, vorgestellt werden. Gerade zum Klassenrat gibt es zahlreiche Bücher wie dieser gestaltet werden kann. Eine umfangreichere Liste würde den Rahmen dieses Buches sprengen.

Morgenkreis

Ein Morgenkreis sollte einmal wöchentlich montags stattfinden. Am besten lässt er sich in den Deutschunterricht integrieren. Sollten Sie kein Deutsch in Ihrer Klasse unterrichten, müssen Sie sich entscheiden, ob Sie den Morgenkreis in einem anderen Fach durchführen oder den Deutschlehrer darum bitten.

Nachdem Sie alle Schüler begrüßt haben, das Datum und den Stundenplan besprochen und eventuell die „Freundlichen fünf Minuten" durchgeführt haben, kommen Sie mit den Kindern in einem Sitz- oder Stuhlkreis zusammen. Diesen können Sie mittels des Rituals Smiley = Sitzkreis (siehe S. 33) organisieren.
Bestimmen Sie einen **Stuhlkreispräsidenten.** Jeder Schüler sollte diese Aufgabe einmal übernehmen. Der Stuhlkreispräsident hat auf drei verschiedene Dinge zu achten:

- Bei überhöhter Lautstärke gongen.
- Den Namen des Kindes nennen, das als Nächstes an der Reihe ist.
- Nicht mehr als vier bis fünf Sätze pro Kind erlauben.

Diese Aufgaben sollten Sie von Zeit zu Zeit immer wieder besprechen und wiederholen lassen, sodass sie sich langsam festigen. Die Leistung des Stuhlkreispräsidenten dokumentiere ich als zusätzliche Bewertungsgrundlage für das Arbeits- und Sozialverhalten. Auch die Kinder geben dem Stuhlkreispräsidenten abschließend eine Rückmeldung. Demzufolge erreicht die Aufgabe des Stuhlkreispräsidenten eine gewisse Wichtigkeit in den Köpfen der Kinder. Der Stuhlkreispräsident erhält ein Schild mit dieser Aufschrift (in einer Setzleiste oder zum Umhängen), den Gong (alternativ eine Klangschale oder eine Klingel) und wählt aus einem Korb einen Erzählstein oder Ähnliches aus.
Bevor es losgeht, bietet es sich an, eine kurze **Konzentrationsübung** durchzuführen. Dazu fassen sich alle Kinder an den Händen und Sie als Lehrkraft schicken einen Blitz einmal durch den Kreis. Das bedeutet, dass ihr Händedruck so schnell wie möglich weitergegeben werden muss, bis er wieder bei Ihnen angekommen ist. Anschließend lasse ich die Kinder die Zeit schätzen, wie lange dies gedauert hat. Das können Sie drei bis vier Mal wiederholen.
Danach lasse ich die Kinder die Augen für ca. zehn Sekunden schließen. Der Arbeitsauftrag dazu lautet: „Überlege, was du am letzten Wochenende gemacht hast und uns erzählen möchtest."
Schließlich beginnt die Erzählrunde beim Stuhlkreispräsidenten. Dieser gibt dann den **Erzählstein** nach rechts oder links weiter und nennt den Namen des nächsten Kindes. Wird es zu laut, muss der Stuhlkreispräsident gongen, und erzählen Kinder zu lange, darf er diese stoppen. Der Erzählstein geht einmal im Kreis herum. Achten Sie darauf, dass auch Sie etwas von Ihrem Wochenende erzählen – das interessiert die Kinder meist brennend. Für die Dauer des Morgenkreises sollte gelten, dass nicht dazwischen geredet wird und vorerst keine Nachfragen gestellt werden. Außerdem sollte das Zuhören der Schüler immer an einen Hörauftrag gekoppelt sein: „Höre deinen Mitschülern aufmerksam zu und merke dir, wer was unternommen hat."
Während die Schüler von ihren Wochenenden berichten, sollten Sie sich aufschreiben, wer was gemacht hat. Anschließend können Sie den Schülern Zeit einräumen, Nachfragen zu stellen. Verzichten Sie darauf, wird die Leistung des Stuhlkreispräsidenten mit der Drei-Finger-Einschätzung (siehe „5.3 Feedbackkultur angemessen ausbilden", S. 92 f.) bewertet. Der Stuhlkreispräsident sieht so auf einen Blick, wie die Klassenkameraden seine Leistung einschätzen und kann nun jeweils drei Kinder auswählen, die ihre Fingereinschätzung begründen (alternativ: Daumen nach oben: gut, Daumen zur Seite: in Ordnung, Daumen nach unten: verbesserungswürdig).
Alternativ zu den Wochenendberichten können Sie die Methode **„Freudenblume und Sorgenstein"** durchführen. Dazu verteilen Sie auf dem Teppich Steine (gesammelte Kieselsteine, Muggelsteine) und Blumen (Kunstblumen, Holzblumen oder Filzblumen). Die Schüler können anstelle des Erzählsteins entweder eine Freudenblume wählen und von einem schönen Erlebnis des Wochenendes berichten oder sie nehmen sich einen Sorgenstein und erzählen von etwas, das sie am Wochenende bedrückt hat. Diese Variante bietet sich auch als Kennenlern- oder Rückmeldemethode an. In diesem Fall würden die Kinder mit einem Stein z. B. eine Sache nennen, die sie nicht so gut können oder vor der

sie Angst haben und mit einer Blume könnten sie eine Stärke benennen oder etwas, auf das sie sich freuen.
Nun kommt es zur **Auswertung** des Hörauftrags. Dies erfolgt auf Grundlage eines Quiz. Stellen Sie den Kindern Fragen zum eben Gehörten. Ihre Notizen helfen Ihnen dabei: Wer war am Wochenende schwimmen? Wer hat mit seinem Hund gespielt? Nach einigen Fragen können Sie diese Aufgabe auch an die Schüler abgeben und diese Fragen formulieren lassen. Sie merken so ziemlich schnell, wer aufmerksam zugehört hat und wer nicht. Dies ist eine gute Möglichkeit für Sie, eine Note für das Sprechen und Zuhören im Fach Deutsch zu notieren.
Nach der Durchführung des Quiz lösen Sie den Sitz- oder Stuhlkreis auf. Nun mündet der Morgenkreis in eine weitere ritualisierte Arbeitsphase – nämlich die des Schreibens der Wochenendgeschichte. Dies findet in Einzelarbeit statt. Die Kinder brauchen dazu ein Geschichtenheft (auf der einen Seite Linien, auf der anderen Seite blanko). Dabei handelt es sich um eine kreative Schreibaufgabe, die bereits sehr viel zur Aufsatzerziehung der Kinder beitragen kann. Sie ist an folgende Kriterien geknüpft:

- Schreibe sieben bis zehn Sätze vom Wochenende (später können Sie die Anzahl der Sätze erhöhen).
- Wechsele die Satzanfänge ab.
- Beachte die Reihenfolge.
- Halte eine Zeitform ein.
- Male dazu (alternativ können auch Fotos oder Broschüren eingeklebt werden).

Diese Kriterien sind jederzeit zu erweitern oder zu überarbeiten. Anfangs können Sie keine qualitativ hochwertigen Geschichten erwarten. Dennoch verbessern sich die Kinder von Mal zu Mal stark und halten sich mehr und mehr an die geforderten Kriterien.
Da es sich in den Geschichtenheften um eine kreative Schreibaufgabe handelt, verbessere ich die Rechtschreibung und den Ausdruck in diesen Heften nicht und bitte auch die Eltern, davon abzusehen. Die Kinder sollen beim Schreiben weniger Frustration und Hemmungen empfinden, sondern vielmehr Lust und Motivation erfahren. Deshalb stempele ich die Wochenendgeschichten mit einem zutreffenden Stempel ab und überprüfe lediglich, ob die Kriterien eingehalten wurden. Auch können die Kinder ihre Wochenendgeschichten in Kleingruppen vorlesen und sich gegenseitig z. B. mithilfe von Rückmeldekarten (siehe „5.3 Feedbackkultur angemessen ausbilden", S. 92 f.) Feedback geben.

Die Durchführung eines Morgenkreises hört sich sehr umfangreich und zeitintensiv an – nach ausreichend Übung ist er aber durchaus in einer Schulstunde zu schaffen. Sowohl für Sie als auch für die Kinder ist es angenehm, den ungeliebten Montagmorgen mit solch einer gemeinsamen und vertrauten Aufgabe zu beginnen. Das bringt Ruhe und Entspannung in den Wochenstart und erdet die aufgewühlten Kinder nach dem Wochenende.

Klassenrat & Co

In meiner Klasse geht dem tatsächlichen Klassenrat immer eine Einschätzungsrunde zum Regel- und Sozialverhalten voraus. Dazu treffen Sie sich erneut mit allen Schülern in einem Sitz- oder Stehkreis.
Sie benötigen einen Korb oder eine Dose mit Bonbons oder anderen kleinen Süßigkeiten (zu finanzieren über die Klassenkasse). Geben Sie nun den Korb herum und stellen Sie die Frage: „Hast du dich in der vergangenen Woche an unsere Regeln gehalten? Begründe deine Antwort."
Haben sich die Kinder auf diese Frage positiv geäußert, dürfen sie sich gleich einen Bonbon nehmen. Verneinen sie die Frage, müssen sie das Körbchen vorerst weitergeben und gehen leer aus.

In einer zweiten Runde kommen noch einmal die Kinder zu Wort, die sich nach eigener Einschätzung nicht an die Regeln gehalten haben. Sie setzen sich für die nächste Woche ein Ziel (z. B.: Ich möchte aufmerksamer sein. / Ich möchte nicht stören. / Ich möchte freundlicher zu meinen Mitschülern sein.). Danach dürfen auch sie sich einen Bonbon nehmen.
Abschließend legen die Schüler eine gemeinsame Klassenregel fest, die sie sich insbesondere für die nächste Woche vornehmen möchten. Diese wird schriftlich an der Tafel fixiert. Damit ist die Einschätzungsrunde erst einmal beendet.
Danach bietet es sich an, den Schülern eine Rückmeldung über die Absolvierung der Dienste und Ämter zu geben und diese für die darauf folgende Woche neu zu verteilen. Sollten Sie die Ämter monatlich wechseln, entfällt dieser Teil natürlich. Gehen Sie die einzelnen Dienste durch und sagen Sie den entsprechenden Kindern, was gut geklappt hat und was verbesserungswürdig ist. Dies richtet sich je nach den mit den Kindern zuvor besprochenen Anforderungskriterien. Teilen Sie anschließend den Kindern die Neuverteilung der Ämter mit und klammern Sie diese an die entsprechenden Ämterkarten (siehe „Kinder übernehmen Verantwortung: Aufgaben und Dienste", S. 26 f.).

Im zweiten Teil der Stunde kommt es nun zum tatsächlichen Klassenrat. Beim Klassenrat handelt es sich um eine institutionalisierte, regelmäßige und nach festem Schema ablaufende Zusammenkunft aller Mitglieder der Klasse (Schüler sowie Lehrkraft). Hier werden **Probleme, Sorgen** und **Ängste** besprochen. Das Abhalten eines Klassenrates sollte das soziale Gefüge innerhalb der Klasse stärken und die Kinder zu **Verantwortungsbereitschaft, Problemlöseverhalten** und **Selbstständigkeit** erziehen. Der Klassenrat verlangt den Schülern eine Menge an Fähigkeiten ab. Fangen Sie also klein an und lassen Sie anfangs einige für Sie unwichtige Bestandteile weg oder übernehmen Sie gewisse Aufgaben, die Ihnen für die Schüler noch zu schwer erscheinen. Nach und nach können Sie Ihren Klassenrat anreichern und perfektionieren. Ziehen Sie sich schrittweise zurück bis die Schüler Klassenratssitzungen selbstständig abhalten können. Ansonsten könnten sich die Schüler leicht überfordert fühlen und die Lust daran verlieren.
Legen Sie für den Klassenrat eine Stunde in der Woche fest und betiteln Sie diese auch als solche. Wann in der Woche dieser stattfindet, spielt eigentlich keine Rolle. Dennoch ist es schön, ihn als Wochenabschluss für Freitag „aufzubewahren". Erarbeiten Sie mit den Schülern **Klassenratsregeln**, die während des Klassenrats unbedingt eingehalten werden müssen. Hierbei kann es sich zum einen um allgemeine Regeln und zum anderen um Gesprächsregeln handeln.
Bestimmen Sie einen Moderator (Klassenratspräsident), der die Leitung des Klassenrats übernimmt. Dieser sollte wöchentlich gewechselt werden und jeder Schüler sollte diese Aufgabe wenigstens einmal im Schuljahr übernommen haben.
Nun kommt die Klagemauer zum Einsatz. Die Klagemauer kann eine Pinn- oder Magnetwand sein, die auch als solche beschildert ist. An der Klagemauer können die Schüler die Woche über Themen, Probleme oder Beschwerden auf entsprechenden Karten sammeln. Diese Themen werden jetzt vom Moderator oder **Klassenratspräsident** in die Tagesordnung aufgenommen. Aufgabe des Klassenratspräsidenten ist es,

- Themen und Probleme aufzurufen,
- Meinungen zuzulassen,
- Zwischenrufe abzublocken,
- Störungen zu stoppen,
- das Gespräch zu lenken,
- zu Ergebnissen zu führen und diese kurz zusammenzufassen,
- in gegebener Zeit zu einer Lösung zu kommen.

Des Weiteren sollte es einen Zeitwächter, einen Regelwächter und zwei Protokollanten geben. Der Zeitwächter weist auf die verbleibende Zeit hin. Der Regelwächter hängt zu Beginn des Klassenrats die Klassenratsregeln auf und sorgt dafür, dass diese während der Sitzung eingehalten werden. Die Protokollanten dokumentieren die Ergebnisse und Lösungsansätze der Klassenratsstunden im Klassenratsbuch. Ob Sie tatsächlich Protokollanten in jüngeren Klassen einsetzen, müssen Sie je nach Leistungsniveau der Klasse entscheiden. Es geht im Notfall auch ohne oder Sie entlasten die Protokollanten z. B. durch Lückentexte oder Ankreuzprotokolle. Das Schreiben eines Protokolls verlangt den Schülern eine Menge ab und kann in den Klassenstufen 3 und 4 noch zu anspruchsvoll sein.

Die anderen Schüler können nun zu den einzelnen Themen Stellung beziehen und ihre Meinung dazu äußern. Handelt es sich um Konflikte zwischen den Schülern, sollten zuerst die Beteiligten die Chance haben, sich zu positionieren.

Um einzelnen Tagesordnungspunkten nicht zu viel Zeit einzuräumen, sollte es eine Regel geben, die die Anzahl der zu Wort kommenden Schüler festlegt, bevor ein Beschluss oder eine Lösung festgehalten wird. Nach meiner Erfahrung bieten sich sechs Schülerbeiträge an. Sollten Tagesordnungspunkte aus Zeitmangel nicht besprochen werden können bzw. kommen die Schüler zu keinem Ergebnis, werden diese Themen automatisch für die nächste Klassenratsstunde aufgespart.

Zum Ende des Klassenrats werden alle Ergebnisse noch einmal vom Klassenratspräsidenten zusammengefasst.

3.2 Motiviertes und selbstständiges Lernen

Wochenplan

Bei der Wochenplanarbeit erhalten die Schüler einen Plan, den sie innerhalb eines festgelegten Zeitraumes zu bearbeiten haben. Dies geschieht selbstständig und eigenverantwortlich. Wochenpläne sind meist in Pflicht- und Zusatzaufgaben untergliedert und bieten so die Gelegenheit, Wochenpläne zu differenzieren und zu individualisieren (vgl. Mattes 2002, S. 60).

Jeder Schüler kann sein eigenes Bearbeitungstempo bestimmen und die Reihenfolge der Bearbeitung von Aufgaben selbst wählen. Wie ich selbst immer wieder beobachte, erfahren die Schüler durch Wochenplanarbeit ein stress- und angstfreies Arbeiten. Außerdem erzeugt das Arbeiten am Wochenplan eine angenehme und ruhige Atmosphäre. Unterrichtsstörungen und Disziplinverstöße werden durch die Wochenplanarbeit minimiert (vgl. Mattes 2002, S. 60).

Achten Sie darauf, dass die Phasen der Wochenplanarbeit immer wieder durch frontale Phasen, in denen etwas erklärt oder erläutert wird, durchbrochen werden. Bauen Sie kurze Bewegungssequenzen oder Lernspiele ein, mittels derer Inhalte eingeführt, geübt oder wiederholt werden. Ansonsten kann Wochenplanarbeit für die Kinder sehr langweilig und trocken wirken.

Diese Organisationsform entlastet Sie als Lehrkraft ungemein, da Sie nicht die ganze Stunde als „Entertainer" und Wissensvermittler im Mittelpunkt stehen müssen. Dennoch sollten Sie während der Wochenplanarbeit immer als Berater für Fragen zur Verfügung stehen.

Die Gestaltung des Wochenplans richtet sich sehr stark nach dem Thema, dem Lehrwerk und dem Inhalt. Er sollte individuell von der Lehrkraft entwickelt und zum Teil an die Bedürfnisse einzelner Schüler angepasst werden.

Ein Wochenplan kann sowohl Aufgaben aus dem Lehrwerk als auch freie Aufgaben enthalten.

Nehmen wir an, dass Sie einen Wochenplan für das Fach Deutsch erstellen wollen: Legen Sie zunächst einen Bearbeitungszeitraum fest und vermerken Sie diesen auch auf dem Wochenplan. Des Weiteren ist es hilfreich, wenn die Kinder in einer Spalte ihr Arbeitsverhalten notieren können (beispielsweise in Form von Smileys). Auch sollte es eine Spalte für Hausaufgaben geben und eine für Sie zum Abzeichnen.
Für mich ist es wichtig, mit der Wochenplanarbeit möglichst viele Standards des Rahmenlehrplans abzudecken. Demnach umfassen meine Pflichtaufgaben des Plans Aufgabentypen zum Lesen (gegebenenfalls aus dem Lesebuch), zum freien oder kreativen Schreiben, zur Rechtschreibung, zur Grammatik und zur Computerarbeit. Zusätzliche Aufgaben schließen meist Freiarbeit (weiterführendes Übungsmaterial), motorische (z. B. Auge- und Handkoordination) oder kreative Aufgaben ein. Die Schüler sollten mittels Kästchen oder Kreisen die Möglichkeit haben, erledigte Aufgaben auch als solche zu kennzeichnen.
Wie solch ein Wochenplan aufgebaut sein muss, um Ihre Schüler zufriedenzustellen, Ihren Unterricht zu bereichern und Sie zu entlasten, müssen Sie selbst festlegen und ausprobieren. Nehmen Sie sich ausreichend Zeit, die Schüler in die Wochenplanarbeit einzuführen und sich an diese zu gewöhnen. Bis alle Schüler gleichermaßen wissen, wie diese Organisationsform vonstattengeht, kann es drei bis vier Wochenpläne dauern.

Freiarbeit

Der Begriff der Freiarbeit ist sehr stark von der Reformpädagogin Maria Montessori (1870–1952) geprägt. In Montessoris Ansatz geht es in der Freiarbeit insbesondere um die Freiheit jeden Schülers weder am gleichen Inhalt, noch mit dem gleichen Ziel oder zur gleichen Zeit arbeiten zu müssen. Die Kinder können sich also aussuchen, wann sie was mit wem wie und wo bearbeiten.
Im Folgenden soll die Freiarbeit im weiteren Sinne auch als solche verstanden werden – nur lässt es sich teilweise organisatorisch schwer einrichten, alle Kinder an unterschiedlichen Materialien, in unterschiedlichen Fächern und an unterschiedlichen Inhalten arbeiten zu lassen.
Hier soll deshalb kurz eine Organisationsform der Freiarbeit vorgestellt werden, in der das Wie (Methode, Vorgehen) und das Was (Inhalt, Fach) vorgeben werden. Alle weiteren Komponenten der Freiarbeit bleiben erhalten. Das bedeutet, die Kinder können immer noch frei wählen, zu welchem Zeitpunkt, in welcher Reihenfolge, mit welchem Partner und in welcher räumlichen Umgebung sie entsprechende Aufgaben erledigen.
In vielen Fächern kommt das Üben von Inhalten zu kurz. Auch hilft es den Schülern oftmals, den Inhalten auf unterschiedliche Art und Weise zu begegnen (Umwälzung) und sie so zu verinnerlichen und zu vertiefen. Um eine möglichst große Anzahl von Umwälzungen zu garantieren, empfiehlt es sich, ein **Lernbuffet** zu einem bestimmten Thema in einem bestimmten Fach anzubieten. Dem Arbeiten an einem Lernbuffet sollten eine Wissensvermittlung, eine Einführung und anfängliche Übungen vorausgehen. Demzufolge kann das Lernbuffet als Zusammenfassung aller bisher behandelten Inhalte zu einer Unterrichtsreihe dienen. Das Lernbuffet sollte also einem Oberthema, wie z. B. Post, unterstellt sein und dazu Aufgaben vieler Unterthemen enthalten:

- Adressat/Absender
- Leerungszeiten eines Briefkastens
- Weg eines Briefes
- in der Postfiliale
- Poststempel
- Einladungskarten gestalten und verschicken
- Briefe schreiben
- Adressbuch anlegen

- Paketscheine ausfüllen
- Gewicht und Porto von Briefen/Päckchen
- Zusatzaufgabe (z. B. Kreuzworträtsel/Wortgitter)

Bei der Erstellung solch eines Lernbuffets sollten verschiedene Aufgabentypen berücksichtigt werden. Im Detail bedeutet dies, dass nicht alle Aufgaben auf einem Arbeitsblatt bearbeitet werden sollten, sondern vielmehr andere Übungsformen wie Rätsel, Spiele, Legematerial usw. hinzugezogen werden sollten. Die einzelnen Aufgaben sollten mit einer Auftragskarte für die Schüler ansprechend und übersichtlich angeordnet werden. Hier ist die Aufbewahrung der einzelnen Aufgaben in Ablagen empfehlenswert.
Jeder Schüler sollte eine Art Buffetzettel (oder „Speisekarte") erhalten, auf welchem erledigte Aufgaben abgehakt werden können. In der Durchführung können sich die Schüler am Lernbuffet selbstständig bedienen und wählen, welche „Speise" sie zuerst wählen und welche sie zunächst vernachlässigen. Hinsichtlich der Bearbeitung dürfen die Kinder selbst entscheiden, wo mit wem sie was wann abarbeiten. Das Lernbuffet legt lediglich Thema und Methode fest.
Wie viele Aufgaben solch ein Lernbuffet beinhaltet, hängt von der Fülle an behandelten Unterthemen ab. Es kann Lernbuffets mit sechs verschiedenen Aufgaben geben, aber auch welche, die zwanzig Aufgaben umfassen.
Lernbuffets mit weniger Aufgaben nenne ich meist **Lernkarussells** und ordne diese kreisförmig auf dem runden Teppich in der Klassenraummitte an. Lernbuffets mit sehr vielen Aufgaben werden in der Literatur oftmals als **Werkstatt** bezeichnet. Zu vielen Oberthemen gibt es bereits ausgearbeitete Werkstätten, die sich sicherlich für den Einsatz im Unterricht eignen. Diese müssen nicht vollständig übernommen werden, sondern lassen sich auch mit eigenen Aufgabenideen anreichern oder vervollständigen.
Wie für alle Methoden gilt auch für die Freiarbeit: Übung macht den Meister. Erwarten Sie nicht, dass Sie ein Lernbuffet anbieten und die Durchführung gleich einwandfrei funktioniert. Die Schüler müssen sich oftmals erst an das selbstständige Arbeiten gewöhnen. Vergessen Sie nicht, dass auch hier Regeln eingehalten werden müssen.

Zum Lesen motivieren

Im Folgenden werden vier verschiedene Möglichkeiten zur Förderung der Lesemotivation vorgestellt.
Erstens ist das **Kuschellesen** oder **Partnerlesen** zu nennen – ein Lautlesetraining in Partnerarbeit. Die Partner bekommen jeweils einen Text. Der eine Text ist mit einer Blume und der andere Text ist mit einem Herz gekennzeichnet. Bei den zwei unterschiedlichen Texten ist jeweils immer nur der zweite Satz abgedruckt – zusammen ergeben sie aber eine Geschichte.
Der Partner mit dem Blumentext beginnt. Er liest seinen ersten Satz vor. Anschließend ist der Partner mit dem Herztext an der Reihe und so weiter. Kuschellesen oder Partnerlesen heißt dieses Lautlesetraining, weil die Schüler zum Lesen sehr eng zusammen kommen müssen, so dass sich die Paare nicht gegenseitig beim lauten Lesen stören. Die Schüler sollen das Lesen als angenehm und wohltuend empfinden und mit jemandem erleben, den sie mögen und mit dem sie sich wohlfühlen.

Zweitens soll dem **Pultbuch** Beachtung geschenkt werden. Dazu benötigt jeder Schüler ein eigenes Buch und einen kleinen Notenständer. Das Pultbuch verweilt in der Schule und sollte auf dem Notenständer in den Deutschstunden auf dem Tisch parat stehen (in anderen Stunden kann es unter dem Tisch aufbewahrt werden). Entweder Sie lassen jedes Kind ein interessantes Buch mitbringen oder Sie organisieren z. B. für jedes Kind ein Buch als Nikolausgeschenk (natürlich mit Unterstützung der Eltern). Das Pultbuch kann in zweierlei Hinsicht eingesetzt werden. Einerseits lassen sich Lesezeiten in den Unterricht einplanen, in denen jedes Kind still für eine festgelegte Zeit in seinem Buch liest. Auch Sie sollten sich in dieser Zeit an Ihr Pult setzen und in einem Buch lesen. Andererseits dienen die Pultbücher dazu, um Leerlauf zu vermeiden. Schüler, die einen Arbeitsauftrag vorzeitig erledigt haben, können sich mit ihrem Pultbuch in die Leseecke zurückziehen. Ist ein Schüler mit seinem Pultbuch durch, sollte er ein neues Buch von zu Hause mitbringen oder eines aus der Klassenbibliothek auswählen.

Drittens soll das **Lesen mit Leseraupen** erwähnt werden. Dazu benötigen Sie Leseuhren für eine volle Stunde, die in Fünf-Minuten-Schritte unterteilt sind, Holzperlen und eine Leseraupe für jeden Schüler. Die Leseraupen stelle ich aus Pfeifenreinigern und dicken Holzkugeln als Kopf her. Die Schüler versehen diese dann mit ihrem Namen und einem Gesicht. Diese noch leeren Leseraupen werden kopfüber an einer Schnur im Klassenraum aufgehängt, wo sie gut für die Schüler zu erreichen sind.

Leseuhr

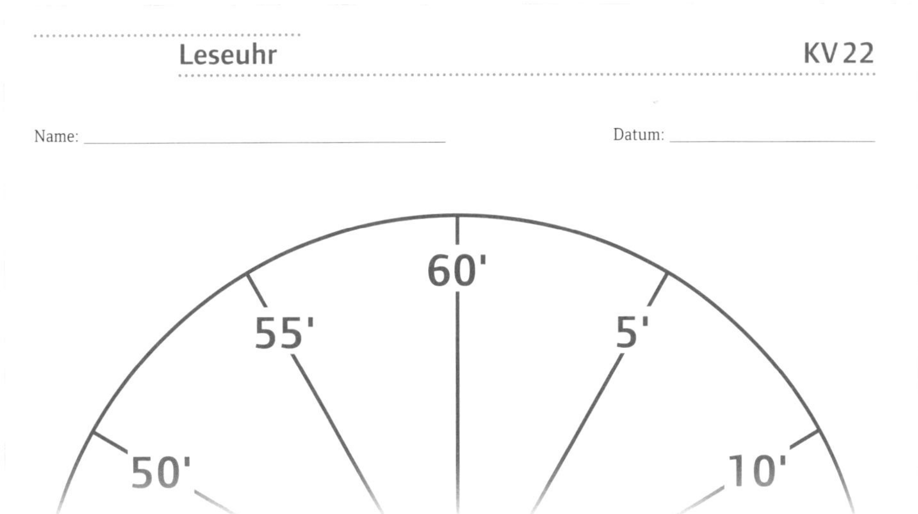

KV22

Jedes Kind sollte eine Leseuhr in seinem Deutschhefter abheften. Lesen die Schüler z. B. zehn Minuten, wird diese Lesezeit in der Leseuhr ausgemalt. Hat ein Schüler die komplette Leseuhr koloriert, sprich 60 Minuten gelesen, darf sich dieses Kind eine Holzperle nehmen und auf seine Leseraupe aufziehen. Die Lesezeiten sind durch den Lehrer abzuzeichnen.
Die Leseuhren können die Kinder auch mit nach Hause nehmen und für die Lesezeit dort verwenden. In diesem Fall zeichnen die Eltern die Lesezeit mit einem Kürzel ab. Oftmals sind die Schüler dann so motiviert, dass sie nach dem Wochenende oder nach den Ferien mit etlichen ausgemalten und abgezeichneten Leseuhren in die Schule kommen.
Hat ein Schüler eine Leseraupe komplett mit Holzperlen gefüllt, sollte dies natürlich in der Klasse mit einem Applaus prämiert werden. Die vollen Raupen können die Schüler dann mit nach Hause nehmen und in der Schule eine neue anfangen. Die Kosten für das Material sollten durch die Klassenkasse abgedeckt werden.

Viertens kann das **Lupenlesen** für einige Kinder sehr motivierend sein. Drucken Sie Texte in einer kaum lesbaren Schriftgröße (pt. 2 oder 3) aus und reichen Sie den Kindern eine Lupe dazu. Schon das allein motiviert die meisten Kinder, die Texte lesen zu wollen. Dazu sollte es natürlich ein Arbeitsblatt oder anderes Material geben, um eben Gelesenes zu verarbeiten.

Forscherecken

Die Idee von Forscherecken knüpft an die fachspezifischen Ecken an, die bereits beschrieben wurden (siehe „Ecken schaffen", S. 15 f.).

Diese Ecken sollen bestimmte Themen aufgreifen, die durch die Kinder gewählt werden können oder die im Unterricht aufkommen. Die zu erforschende Frage oder das zu lösende Problem sollte auf einer Karte vermerkt werden. Im besten Fall können Bücher zum jeweiligen Thema zur Verfügung gestellt werden. Auch der Computer kann als Arbeitsmittel helfen.

Die Schüler können nun in entsprechenden Phasen an diesen Forscheraufgaben arbeiten. Es ist ihnen vollkommen freigestellt, wie sie eine Antwort zu der jeweiligen Frage finden (Bücher, Internet, Befragung von Eltern, Fachleuten usw.).

Die jeweilige Forscherfrage kann dann in die entsprechende fachspezifische Ecke wandern. Demnach gehört die Frage „Warum folgt der Donner dem Blitz?" in die Sachunterrichtsprofi-Ecke und die Frage „Woher kommt das Sprichwort ‚Ach du grüne Neue'?" in die Deutschexperten-Ecke.

Das Arbeiten an solchen Forscherfragen interessiert nicht jedes Kind, da Durchhaltevermögen und die Bereitschaft sich anzustrengen gefragt sind. Viele Kinder verlieren schnell die Lust, wenn sich eine Frage nicht sofort lösen lässt. Deshalb sollten solche Forscherecken reines Zusatzmaterial sein – es sei denn, es geht im Unterricht explizit darum, etwas zu erforschen.

Lerntypen berücksichtigen

Lerntypen meint in diesem Zusammenhang den Lernweg, auf dem sich ein Schüler Wissen aneignet und behält. Schüler erwerben Wissen auf unterschiedliche Weise. Das heißt, es ist wichtig, Inhalte mittels verschiedener Lernwege anzubieten, zu vermitteln und diese bei der Unterrichtsgestaltung zu berücksichtigen.

Im Folgenden sollen die Lernwege aufgezählt werden, die für den Unterrichts- und Schulalltag von Bedeutung sind (vgl. Scholz 2008, S. 15):

- auditiver Lernweg (Lehrervortrag, Abspielen einer CD)
- haptischer Lernweg (Puzzle, Dominos, Legematerialien)
- visueller Lernweg (Abbildungen, Bilder, Filmsequenzen)
- handlungsorientierter Lernweg (Rollenspiele, Spielszenen)
- kognitiv-analytischer Lernweg (Gestaltung einer Mindmap)
- kommunikativ-kooperativer Lernweg (Austausch mit Mitschülern, gemeinsames Arbeiten)

Natürlich kann nicht ein und derselbe Inhalt mittels sechs verschiedener Lernwege präsentiert werden, vielmehr geht es darum, diese Lernwege abzuwechseln und in die Erstellung von längeren Übungseinheiten (beispielsweise mittels eines Lernbuffets) einzubeziehen.

Motivierende und kooperative Methoden

„Das Kooperative Lernen versteht sich als ein Angebot von Unterrichts- und Lernstrategien zum Erwerb von fachlichen, persönlichen, sozialen und methodischen Kompetenzen." (Bochmann/Kirchmann 2006, S. 13). Hier steht die Ganzheitlichkeit des kindlichen Lernprozesses im Fokus. „Nur derjenige, der aktiv ist, ist auch derjenige, der lernt." (Bochmann/Kirchmann 2006, S. 20).

Darüber hinaus orientiert sich das Kooperative Lernen an fünf Basiselementen (vgl. Bochmann/Kirchmann 2006, S. 30–35):

- *positive Abhängigkeit:* Alle Teammitglieder wollen das gleiche Ziel erreichen. Dieses kann nur dann erreicht werden, wenn alle an der Erfüllung der Aufgabe interessiert sind.
- *individuelle Verantwortlichkeit:* Jedes Teammitglied übernimmt Verantwortung und ist am Erreichen des Ziels beteiligt.
- *soziale Kompetenzen:* Soziale Fähigkeiten und Interaktionsformen optimieren die Teamarbeit.
- *partnerbezogene Kompetenzen:* Alle Schüler sitzen beisammen, können Blickkontakt aufnehmen und haben gleichermaßen den Blick auf das Material.
- *Prozessevaluation:* Die Teamarbeit sollte regelmäßig beobachtet und bewertet werden (Feedback/Rückmeldung).

Die Auswahl an kooperativen Lernformen ist groß und lässt sich verschiedenen Standardsituationen wie Partner- und Gruppenfindung, Aktivierung von Vorerfahrung, Verarbeitung von Informationen, Üben und Wiederholen und Selbsteinschätzung zuordnen. Hier sollen lediglich sechs ausgewählte kooperative Methoden zur Aktivierung von Vorwissen bzw. zur Wissensverarbeitung und -anwendung vorgestellt werden.

Platzdeckchen

Die Schüler arbeiten in Gruppen von bestenfalls vier Schülern. Jede Gruppe erhält ein DIN-A3-Papier. In der Mitte ist darauf ein großer Kasten zu sehen, der Rest des Papiers ist in vier Kästchen unterteilt. Nun schreibt jedes Gruppenmitglied einen persönlichen Beitrag oder erste Gedanken in seinen Bereich auf das Papier. Nach einer Weile lesen die Teammitglieder durch Drehen des Platzdeckchens die Arbeitsergebnisse der anderen. Im gemeinsamen Austausch einigt sich die Gruppe auf die grundlegenden Informationen und schreibt diese in das mittlere Kästchen. Abschließend werden diese Hauptgedanken präsentiert (vgl. Bochmann/Kirchmann 2006, S. 65).

Doppelkreis

Die Schüler kommen in einem Stehkreis zusammen und ordnen sich so an, dass sich jeweils ein Schüler aus dem Innen- und ein Schüler aus dem Außenkreis gegenüberstehen. Der Innenkreis rückt im Uhrzeigersinn zwei Schüler weiter, sodass neue Paarungen entstehen und Kinder, die sich vielleicht noch nicht so gut kennen zusammenarbeiten.
Der Innenkreis berichtet über einen bestimmten Sachverhalt oder schildert Vorwissen. Der Außenkreis hört aktiv zu und fasst das Gehörte zusammen. Anschließend können sich die Paare über Erfahrungen und Erlebnisse austauschen. Ertönt ein Signal (Klingel oder Gong), rückt der Außenkreis zwei Schüler weiter. Es bilden sich wieder neue Paarungen. Nun beginnt der Außenkreis zu erzählen und der Innenkreis hört aktiv zu. Je nach Aufgaben- oder Fragestellung kann dies beliebig oft wiederholt werden (vgl. Bochmann/Kirchmann 2006, S. 64 f.).

Think-Pair-Square

Die Methode Think-Pair-Square beinhaltet eigentlich die drei Sozialformen Einzel-, Partner- und Gruppenarbeit.
Die Schüler machen sich zu einem bestimmten Thema oder einer Frage Gedanken und notieren diese (think). Nach einer festgelegten Zeit bilden sich (am besten vorher festgelegte) Paare, die sich über ihre Notizen austauschen (pair). Anschließend tun sich jeweils zwei Paare zusammen, sodass Vierergruppen entstehen (square). Je ein Schüler muss die Ideen des anderen vortragen. Gutes Zuhören und das Wiedergeben der wichtigsten Informationen sind hier gefragt (vgl. Bochmann/Kirchmann 2006, S. 63).
Eine alternative, sehr ähnliche Methode ist die des Think-Pair-Share. Diese Methode unterscheidet sich insofern von der des Think-Pair-Square, als am Ende keine Vierer-

gruppen (square) gebildet werden, sondern die Beiträge aus den Zweiergruppen mit der Klasse geteilt (share) und diskutiert werden.

Jigsaw

Die Klasse wird in sogenannte möglichst gleichgroße Expertengruppen (A, A, A, A) eingeteilt. Jede Expertengruppe bearbeitet ein Teilgebiet (z. B. Ernährung, Körperbau, Fortpflanzung, Feinde, Lebensraum) zu einem Thema (z. B. Wale).
Der Lehrer versorgt die Expertengruppen mit entsprechendem Material und einem dazugehörigen Arbeitsauftrag. Die Expertengruppen erarbeiten sich dieses Teilgebiet und erstellen Quizfragen. Die Experten versichern sich anhand kleinerer Fragen mit Selbstkontrolle, ob sie ihr Thema auch wirklich verstanden haben und beherrschen (auch durch eine vorgegebene Lernkontrolle möglich).
Schließlich kommen die Schüler in Stammgruppen zusammen, so dass in jeder Stammgruppe (A, B, C, D) ein Experte eines Teilgebiets vorhanden ist. Die Experten präsentieren nun ihr Fachgebiet innerhalb der Stammgruppe, so dass jeder Schüler am Ende über das gleiche Wissen verfügt.
In einer Abschlussrunde wird das erworbene Wissen durch die Quizfragen überprüft (vgl. Bochmann/Kirchmann 2006, S. 67).

Graffiti

Für diese Methode sind im Raum frei aufgestellte Tische mit jeweils großen Bögen Papier und Stiften notwendig. Jedes Papier zeigt eine andere Frage zu einem Oberthema.
Die Klasse wird nun in kleinere Gruppen aufgeteilt, die zunächst jeweils an einem Tisch arbeiten. Aufgabe ist es, Ideen, Gedanken, Stichwörter, Zeichnungen oder Sätze zu der entsprechenden Frage zu notieren. Ertönt ein Signal (Klingel oder Gong), wechselt die gesamte Gruppe im Uhrzeigersinn zum nächsten Tisch und führt die Aufgabe dort fort. Dies wird so oft wiederholt, bis die Gruppe wieder bei ihrer ursprünglichen Frage angelangt ist.
Schließlich sollen die Gruppen im zweiten Schritt die Beiträge auf den Postern sichten, diskutieren, ordnen, zusammenfassen und abschließend der Klasse präsentieren (vgl. Bochmann/Kirchmann 2006, S. 66).

Bus Stop

Diese Methode bietet sich vor allem dann an, wenn beispielsweise zwei Texte gelesen oder Vergleiche angestellt werden sollen.
Die Klasse wird in zwei große Gruppen eingeteilt. Beide Gruppen bekommen unterschiedliche Texte zu verschiedenen Themen. Beide Gruppen lesen den Text aufmerksam. Sind die Schüler fertig, stellen sie sich an eine imaginäre Bushaltestelle (veranschaulicht durch ein grünes H auf gelbem Grund). Sie warten dort so lange, bis sich ein Schüler der jeweils anderen Gruppe zu ihnen gesellt. Die Aufgabe lautet dann, sich gegenseitig die gewonnen Informationen aus den Texten vorzustellen und gemeinsam Fragen dazu zu beantworten. Abschließend können die Antworten auf einem Lösungsblatt verglichen werden.

3.3 Wer arbeitet, braucht auch Pausen

Pausen

In vielen Ratgebern liest man immer wieder, dass sich Kinder nur über eine sehr geringe Zeitspanne konzentrieren können. Darüber hinaus verschärft sich die Situation in Anbetracht der Tatsache, dass viele Kinder ohnehin an einer Aufmerksamkeitsschwäche leiden. Wie passt das mit den 45-Minuten-Taktungen der Schulen zusammen? Eigentlich schließt das eine das andere aus. So ist es also an uns Lehrkräften, diesen Drahtseilakt zwischen Arbeit und Pause zu absolvieren.

Zum einen sollten die Pausen im eigentlichen Sinne verstanden werden. Gönnen Sie sich und den Kindern die kleinen und großen Pausen. Es bringt weder Ihnen noch den Kindern etwas, wenn Inhalte noch in den ersten Minuten der Pause besprochen und dann doch nicht verstanden werden. Beginnen und beenden Sie die Unterrichtsstunden pünktlich und nehmen Sie den Kindern möglichst wenig von ihrer Pausenzeit. Die Kinder brauchen diese Zeit, um neue Energie zu sammeln, sich zu bewegen, frische Luft zu tanken und die Aufmerksamkeit und Konzentration neu zu kanalisieren. Auch bei Doppelstunden sollte in irgendeiner Form eine Pause implementiert sein, wenngleich sich Doppelstunden immer zum „Durcharbeiten" anbieten.

Sie selbst sollten ebenfalls dankbar für jede Pause sein und diese auch als solche nutzen. Ziehen Sie sich ins Lehrerzimmer zurück und machen Sie deutlich, dass Sie nicht für jeden ansprechbar sind.

Zum anderen sollten Pausen im weiteren Sinne auch in den Unterricht integriert sein, da sich Kinder keine 45 Minuten am Stück konzentrieren können. Hier werden Pausen natürlich nicht als Phase des Nichtstuns oder des Spielens verstanden, sondern vielmehr als Phasenwechsel und Unterbrechung. Das bedeutet, dass eine Unterrichtsstunde möglichst viele verschiedene Sozialformen und Methodenwechsel beinhalten sollte. Diese bringen dann die eben genannten Gründe für Pausen (Energie tanken, sich bewegen und die Aufmerksamkeit und Konzentration neu kanalisieren) mit sich und werden von den Schülern als Minipause wahrgenommen. Weiterhin können nach anstrengenden und intensiven Arbeitsphasen Bewegungs- und Entspannungsphasen eingebaut werden.

Ob der Konzentrations-, Aufmerksamkeits- und Motivationsfluss der Schüler aufrechterhalten werden kann, liegt also an der Konzeption des Unterrichts. Bauen Sie Pausen oder Methodenwechsel ein und halten Sie sich an die vorgegebenen Pausenzeiten. Dann sind ihnen ausgeglichene und zufriedene Schüler garantiert.

Bewegung und Entspannung

Wie bereits oben erwähnt, bieten Phasen von Bewegung und Entspannung eine optimale Abwechslung zu Anstrengung und Anspannung. Sie können auf ganz unterschiedliche Art und Weise in den Unterricht eingebunden werden.

Einerseits können Inhalte durch Bewegungsspiele vermittelt und geübt werden. So bietet sich z. B. die **Lesekette** an, um das Lesen zu aktivieren. Es handelt sich bei diesem Spiel um ein Lesedomino. Jeder Schüler erhält eine Interaktionskarte, auf der oben und unten jeweils eine Handlung steht, wie z. B. „Jemand steht auf einem Stuhl." und „Drehe dich einmal um dich selbst.". Die obere Handlung führt stets ein anderer Schüler aus, die untere Handlung der Schüler, der im Besitz der Karte ist. Steht also jemand aus der Klasse auf einem Stuhl, bedeutet das für den Schüler mit der beschriebenen Karte, dass er sich einmal um sich selbst drehen muss. Dies geht natürlich ohne Sprechen vonstatten.

Ein weiteres beliebtes Bewegungsspiel ist die **Fliegenklatsche.** Dazu wird die Klasse in zwei Gruppen eingeteilt, die sich hintereinander vor die Tafel stellen. Der vorderste Schü-

ler der beiden Gruppen bekommt eine Fliegenklatsche. An der Tafel stehen beispielsweise englische Wörter. Nun rufen Sie den Kindern die deutsche Übersetzung eines der Wörter zu. Aufgabe der Schüler ist es, möglichst schnell auf das dazugehörige englische Wort zu schlagen. Der schnellere Schüler erhält einen Punkt. Anschließend sind die beiden nächsten Kinder an der Reihe.
Andererseits können Bewegungsphasen tatsächliche Unterbrechungen oder Pausen hervorrufen. Es gibt zahlreiche **Verse** und **Gedichte,** die durch Bewegungen unterstützt werden und zu unterrichtlichen und jahreszeitlichen Inhalten passen. Diese können sowohl zur Begrüßung oder zur Verabschiedung als auch zwischendurch ihre Berechtigung finden. Des Weiteren können kurze und einfache **Tänze** phasenweise zu Bewegung verhelfen. Meine Schüler lieben beispielsweise den Magnettanz: Jeweils zwei Schüler kommen zusammen und drücken ihre Handinnenflächen aneinander. Ein Schüler schließt die Augen, der andere behält sie geöffnet. Zu ruhiger Musik schieben sich die Kinder gegenseitig durch den Raum. Nach einer Weile wird gewechselt. Das Anrempeln von anderen Paaren oder mutwilliges Stoßen des Partners ist hier untersagt.
Zur Entspannung sind insbesondere **Fantasiereisen** geeignet. Die meisten Kinder können sich bei der Verlesung einer Fantasiereise fallen lassen und neue Energie freisetzen. Auch kurze **Kinder-Yoga-Übungen** oder **Koordinationsübungen** sind denkbar. Selbst die sogenannten **Wettermassagen** tragen bei vielen Kindern zur Entspannung bei.
Meist geht das Arbeiten nach solchen kurzen Bewegungs- und Entspannungsphasen wieder ruhiger und disziplinierter weiter, als wenn Sie versuchen, 45 Minuten „durchzuackern". Auch wir strecken und recken uns gern während und vor allem nach einem Langstreckenflug. So geht es den Kindern während der 45 Minuten auch.

Rhythmisierung

Die Rhythmisierung des Tagesablaufs ist eng mit dem Biorhythmus der Kinder verwoben. Jeder Mensch hat eine eigene innere Uhr mit einem eigenen Takt. Diese kontrolliert unseren Alltag und unser Leben. Es liegt nahe, dass eine gewisse Sinnhaftigkeit in der Anpassung von schulischer und außerschulischer Pädagogik und dem Biorhythmus der Heranwachsenden besteht. Die Rhythmisierung hat einen großen Einfluss auf Leistung, Aufmerksamkeit, Aufnahmefähigkeit und Belastbarkeit und somit auch auf Lernerfolge. Die Halbtagsgrundschule arbeitet gegen den Biorhythmus der Kinder, so dass Leistungsabfall, eine niedrige Leistungsbereitschaft und hoher Energieaufwand vorprogrammiert sind. Die Ganztagsschule hingegen legt gezielt Wert auf die Anpassung des Tages- und Stundenplans an die physiologische Leistungskurve der Schüler. Tägliche Leistungsschwankungen werden durch den Biorhythmus im Stundenplan berücksichtigt. Dementsprechend sollten Lehrer von Halbtagsgrundschulen ein Umdenken zugunsten des Biorhythmus der Kinder vornehmen.
Viele Schulen lösen sich bereits von den starren 45-Minuten-Einheiten. Das Augenmerk wird immer häufiger auf die **Abwechslung von Unterrichts- und Freizeitgestaltung** gelegt. Unterrichtsblöcke von 60 oder 90 Minuten, Freiarbeitsstunden, Wochenplanstunden oder Projektunterricht werden öfter in Betracht gezogen. Die Kinder bekommen durch einen **gleitenden Beginn** ab 7:30 Uhr die Möglichkeit, mit schulischem Personal, Lehrern, Erziehern und anderen in Kontakt zu treten. Lehrer und Erzieher stehen in den Klassenräumen ab acht Uhr zur Verfügung, um Fragen zu klären oder gar individuelle Förderangebote zu betreuen. Die Schüler haben in dieser Zeit Gelegenheit, in der Leseecke zu lesen, am Computer zu recherchieren oder Lernspiele auszuprobieren. Auch die Durchführung eines Morgenkreises oder Klassenrats trägt zur Rhythmisierung des Tagesablaufes bei,

indem Sie einen **offenen Wochenbeginn oder -abschluss** bzw. **offenen Tagesbeginn oder -abschluss** garantieren.
Weiterhin sollte der Übergang in die außerunterrichtliche Betreuung in der VHG oder in den Hort fließend sein. Dies ermöglicht sowohl morgens als auch mittags eine freiere Stundenplangestaltung.
Außerdem sollten **Pausen** aktiv gestaltet werden. In den Pausenzeiten sollte es Angebote für Spiele und Bewegung geben. Ein gemeinsames Frühstück bereichert die soziale Kompetenz der Schüler (vgl. Senatsverwaltung [o. J.]).
Vieles von dem, was wir bereits in den Halbtagsgrundschulen durchführen bzw. was auch in diesem Buch vorgeschlagen wird, trägt ungemein zu einer Rhythmisierung des Tagesablaufs der Schüler bei. Einiges lässt sich jedoch ohne die Unterstützung und Organisation der Schulleitung nicht realisieren.

3.4 Bewertung, Leistungskontrollen und Lernstandsanalysen

Das Bewerten von Schülerleistungen spielt weder im Studium noch im Vorbereitungsdienst von Lehrkräften eine große Rolle. Im Grunde genommen ist der „[...] Erwerb von Beurteilungsqualifikationen [...] weitgehend dem Zufall überlassen" (Preuß 1994, S. 20). Schülerleistungen entsprechend bewerten zu können, muss ein Lehrer in autodidaktischer Weise (vgl. Preuß 1994, S. 20) und im Selbststudium erst lernen.
Eine Note oder eine Bewertung entsteht dadurch, dass die Leistung eines Schülers mit einem Vergleichsmaßstab – einer Norm – in Beziehung gesetzt wird (vgl. Weinert 2001, S. 45). Hier unterscheidet man zwischen drei verschiedenen Bezugsnormen:

- *soziale Norm:* Die Leistungen eines Schülers im Vergleich zu den Leistungen anderer Schüler aus der Klasse.
- *individuelle Norm:* Die Leistungen eines Schülers im Vergleich zu früheren Leistungen dieses Schülers.
- *sachbezogene Norm:* Die Leistungen eines Schülers in Bezug auf das Erreichen eines Lehrziels.

Die Informationen, die diese Bezugsnormen liefern, können nun von der Lehrkraft gesichtet, bewertet und gewichtet werden (vgl. Weinert 2001, S. 45 f.).

Widmen wir uns der praktischen Seite: Während in der Schulanfangsphase das Hauptaugenmerk lediglich auf die verbal schriftliche **Bewertung** gelegt wurde, kann die Mehrheit der stimmberechtigten Eltern in vielen Bundesländern in Klasse 3 entscheiden, ob mit Noten oder verbal schriftlich beurteilt werden soll.
Stimmen Sie mit den Eltern auf dem ersten Elternabend in der dritten Klasse über die Notengabe ab. Wichtig ist dabei, dass Sie wertfrei bleiben und keine eigene Meinung dazu äußern. Es kann entweder per Akklamation (Handzeichen) oder mittels geheimer Wahl (schriftlich) abgestimmt werden. Entscheidend ist die Mehrheit aller stimmberechtigten Eltern für oder gegen Notenzeugnisse.
Beide Bewertungsformen haben ihre Berechtigung und weisen Vor- sowie Nachteile auf. Nachfolgend ein paar Anregungen zum Weiterdenken:

Vorteile Notenzeugnisse:

- Noten sind eindeutig, es sind keine weiteren Interpretationen notwendig
- leichte Handhabbarkeit
- einfache Vergleiche möglich
- öffentlicher Standard, der nicht nur in der Schule genutzt wird

Nachteile Notenzeugnisse:
- fördert Konkurrenzdenken
- keine Hinweise, wie Noten zustande kommen
- keine Ansatzpunkte zur Verbesserung
- verschiedene Lehrkräfte bewerten die gleiche Arbeit eventuell unterschiedlich
- teilweise für bestimmte Sachverhalte unangemessen

Vorteile Berichtzeugnisse:
- beinhalten Lerndiagnose und eventuell auch einen Ausblick auf eine Lernförderung
- pädagogische Entwicklung von Schülern steht im Vordergrund
- Lernentwicklung ist transparenter
- Vorschläge zur Veränderung des Lernens werden Kindern unterbreitet

Nachteile Berichtzeugnisse:
- Formulierungen können zu Fehlinterpretationen führen
- Qualität hängt von der fachlichen, diagnostischen, kommunikativen Fähigkeit der Lehrkraft ab
- stark interpretationsabhängig

Die Leistungen im Fremdsprachenunterricht erfolgen in vielen Bundesländern in der dritten Klasse ausschließlich verbal. Auch die Handschrift wird bis einschließlich der vierten Klasse nur verbal bewertet (vgl. GEW Landesverband Berlin 2011, S. 112). Weitere Richtlinien zur Bildung von Zeugnisnoten finden Sie im jeweiligen Schulgesetz bzw. in der Grundschulverordnung Ihres Bundeslandes.

Laut der in Berlin geltenden Grundschulverordnung § 20 (vgl. Verordnung 2010) dienen **Lernerfolgskontrollen** (Klassenarbeiten und Kurzkontrollen) der Sicherung und Dokumentation der Lernleistungen der Schüler. Dazu gehören schriftliche Leistungsnachweise (Klassenarbeiten, Portfolios, schriftliche Kurzkontrollen), mündliche Leistungsnachweise und sonstige Leistungsnachweise (Hausaufgaben, Hefter). Ab der dritten Klasse werden in Deutsch und Mathematik mindestens drei Klassenarbeiten pro Schuljahr geschrieben. Die Klassenarbeiten werden im Klassenverband durchgeführt und umfassen eine, maximal zwei Schulstunden.
Der Termin sowie die inhaltlichen Schwerpunkte müssen mindestens eine Woche vorher bekannt gegeben werden; es darf nur eine Klassenarbeit am Tag geschrieben werden. Diese Regelungen dürfen durch die Fach- bzw. Gesamtkonferenz in Art, Umfang und Verteilung ergänzt werden.
Ab Klasse 3 können in allen Fächern Kurzkontrollen geschrieben werden, welche den zeitlichen Rahmen von 30 Minuten nicht überschreiten sollten. Über Anzahl und Umfang entscheidet die jeweilige Fachkonferenz (vgl. Grundschulverordnung § 20). Die Überprüfung des Leistungsstandes der Schüler mittels Kurzkontrollen ist sehr empfehlenswert. Sammeln Sie möglichst viele Noten sowohl im schriftlichen als auch im mündlichen Bereich, um daraus am Ende des Halb- und des Schuljahres eine fundierte Note oder Beurteilung bilden zu können. Meines Erachtens steht die Notengebung auf Grundlage von drei schriftlichen Klassenarbeiten im Schuljahr auf wackeligen Beinen. Schüler sollten öfter die Chance bekommen, ihr Können und Wissen unter Beweis zu stellen, wenngleich die Kurzkontrollen natürlich anders zu gewichten sind, als die Klassenarbeiten.
Außerdem nehmen die Schüler an der Durchführung von schulübergreifenden Vergleichsarbeiten teil. Diese werden von allen Schülern einer Jahrgangsstufe zum gleichen Zeitpunkt und in der gleichen Zeit geschrieben. Die Gesamtkonferenz kann entscheiden, ob diese Vergleichsarbeiten als Klassenarbeiten gewertet werden oder nicht. Informationen zur Durchführung und Auswertung obliegen der Schulaufsichtsbehörde.

Schriftliche Lernerfolgskontrollen sollten unverzüglich korrigiert, Fehler markiert und Bearbeitungshinweise gegeben werden. Die Ergebnisse einer Klassenarbeit müssen der Schulleitung unter Vorlage einer guten, einer durchschnittlichen und einer schwachen Arbeit mitgeteilt werden. Des Weiteren müssen Klassenarbeiten den Schülern sowie den Eltern zur Einsichtnahme zur Verfügung gestellt werden.
Sollte das Ergebnis einer Klassenarbeit bei mehr als einem Drittel der Schüler mit mangelhaft oder ungenügend bewertet worden sein, muss die Lehrkraft eine Förderung zum Ausgleich des Defizits darlegen. Über die Wertung bzw. Wiederholung dieser Klassenarbeit entscheidet die Schulleitung (vgl. Grundschulverordnung § 20).
Schriftliche Lernerfolgskontrollen können von der Schule aufbewahrt werden und zum Ende des Schuljahres zurückgegeben werden (vgl. Grundschulverordnung § 20).
Sicherlich variieren Anzahl, zeitliche Regelungen sowie Handhabungen von Klassenarbeiten und Lernerfolgskontrollen nicht nur in jedem Bundesland, sondern auch von Schule zu Schule. Informieren Sie sich vorab in der Grundschulverordnung Ihres Bundeslandes oder bei Ihrer Schulleitung darüber.

Bildungsqualität wird u. a. anhand von bundeseinheitlichen **Lernstandserhebungen** überprüft. Damit werden Schülerleistungen vergleichbar gemacht. Die Schüler der dritten Klassen nehmen an verbindlichen Vergleichsarbeiten (VERA-3) teil. Das Institut zur Qualitätsentwicklung im Bildungswesen stellt die Aufgaben dazu und die Lehrkräfte bekommen genaue Anweisungen zur Durchführung und Korrektur dieser Arbeiten. Ist man sich hinsichtlich dessen unsicher, kann man eine der jährlich stattfindenden Informationsveranstaltungen zu diesem Thema besuchen (vgl. Hoffmann [o. J.]).
In der Grundschule gibt es – von Bundesland zu Bundesland verschieden – außerdem eine Sprachstandsfeststellung (in Berlin z. B. Deutsch Plus) sowie zusätzlich individuelle Lernstandserhebungen (z. B. LauBe: Lernausgangslage Berlin, Aufgabenstellungen zu Mathematik und Deutsch) am Schulanfang.
In Klasse 3 kann die individuelle Lernausgangslage eines jeden Schülers mithilfe einer Lernstandsanalyse (z. B. ILeA 3) getestet werden. Mit den Ergebnissen solcher Tests lassen sich individuelle Lernpläne erstellen, Schwierigkeiten frühzeitig erkennen und Aussagen zum Leistungsstand machen.

4 Differenzierung: mehr Motivation, weniger Frustration

Laut Wolfgang Mattes fasst innere Differenzierung alle Maßnahmen der Lehrkraft zusammen, die das Lernen der Schüler individualisieren (vgl. Mattes 2002, S. 78). Diese Maßnahmen beziehen sich auf alle „[...] inhaltlichen, didaktischen, methodischen, sozialen und organisatorischen [...]" (Paradies/Linser 2001, S. 9) Individualisierungsmaßnahmen. Zum einen werden bei der inneren Differenzierung Lerninhalte hinsichtlich der Bearbeitung und Aufbereitung durch den Lehrer variiert. Zum anderen teilt der Lehrende bei der inneren Differenzierung seine Schüler unter Berücksichtigung eines Kriterienrasters in verschiedene Lerngruppen ein (vgl. Bönsch 2004, S. 21).
Lerninhalte werden unterschieden, abgestuft, verfeinert und aufgeteilt, um sie für jeden Schüler zugänglich zu machen und um für jeden Schüler eine angenehme Lernsituation zu schaffen. Mit Hilfe der inneren Differenzierung sollen sowohl die leistungsschwachen als auch die leistungsstarken Kinder gefördert werden.
„Innere Differenzierung ist auch die Kunstfertigkeit des Lehrers, individuell auf seine Schülerinnen und Schüler einzugehen" (Mattes 2002, S. 78). Im Klartext bedeutet dies, dass ein Schüler weder unter- noch überfordert werden sollte. Innere Differenzierung setzt sich die „Verbesserung der Unterrichtsqualität" (ebd.) zum Ziel. Die innere Differenzierung ist nicht als Unterrichtsmethode zu sehen, sondern als Prinzip, das fest im alltäglichen Unterricht verankert werden soll (ebd.). Wie das in der Praxis aussehen kann, wird im Folgenden dargestellt.

4.1 Rennfahreraufgaben

Leistungsstarke Schüler sind meist schneller mit Aufgaben fertig als durchschnittliche oder leistungsschwache Schüler. Solche Schüler sollten in der Schule durch Maßnahmen des Enrichment (vgl. Boller/Rosowski/Stroot 2007, S. 81) gefördert werden. Das heißt, dass diese Schüler mit **zusätzlichem Stoff, Material oder Aufgaben** durch die Lehrkraft versorgt werden. Hier erfolgt die „[...] Differenzierung nach Leistungsvermögen [...] in Form eines Additums [...]" (Bietz 2008, S. 37). So erhalten die leistungsstarken Schüler die Möglichkeit, Unterrichtsinhalte zu erweitern und zu vertiefen (vgl. Boller/Rosowski/Stroot 2007, S. 81).

Für den differenzierten Unterricht ist es von großer Bedeutung, den Kindern Wahlmöglichkeiten zu eröffnen (vgl. Meister 2007, S. 65). Um dieses für den Unterricht zu realisieren, schlägt Hans Meister vor, den Schülern Wahl- und Pflichtaufgaben zu geben. Hierbei wird der „Lernstoff [...] in ‚unverzichtbar' und ‚zusätzlich'" (ebd.) aufgeteilt.
Der Vorteil dieser Art der Differenzierung liegt darin, dass die leistungsstärkeren und meist auch schnelleren Kinder nicht auf die langsameren warten müssen. Sie können nach Beendigung der Pflichtaufgaben mit den Wahlaufgaben fortfahren und den Unterrichtsgegenstand vertiefen und festigen (vgl. Mattes 2002, S. 60). Bei dieser Art der Differenzierung setzt bei den Starken keine Langeweile ein und die kostbare Lernzeit wird effektiv ausgeschöpft.
In der Unterrichtspraxis können solche Aufgaben als Rennfahreraufgaben bezeichnet werden, die erst dann von den Schülern bearbeitet werden, wenn sie mit den regulären Aufgaben fertig sind. Legen Sie die Rennfahreraufgaben an einer fest vereinbarten Stelle (am besten durch ein Schild gekennzeichnet) aus und erlauben Sie den Schüler, sich an diesen Aufgaben selbst zu bedienen.

4.2 Maus, Hund und Elefant

Es ist auch denkbar, sowohl die starken als auch die schwachen Schüler durch innere Differenzierung dahingehend zu fördern, indem sie mit (mehr oder weniger) anspruchsvollen, ihrem Leistungsniveau entsprechenden Aufgaben oder Texten versorgt werden. In diesem Fall spricht man von einer Differenzierung nach „unterschiedlichen Komplexitätsgraden" (Hass 2008, S. 6) oder Qualität.

Diese Art der Differenzierung geht mit differenzierten Unterrichtsmaterialien und Hilfsmitteln (siehe „4.3 Karten der Weisheit", S. 86) einher und bietet sich für viele Sozialformen an. So könnte sich beispielsweise ein Text hinsichtlich der „Textlänge, Menge [vermeintlich] neuer Lexik, Komplexität der Syntax [...]" (Hass 2008, S. 6) unterscheiden. Ein Text für ein leistungsstärkeres Kind wäre demnach länger, bestünde aus mehr neuen Wörtern und würde eine komplexere Syntax aufweisen.

Angenommen, man würde den Schülern eine Aufgabe zur Person Erich Kästner geben, dann würden schwächere Schüler detaillierte Hinweise und klare, zielgerichtete Aufgabenstellungen bekommen, welche Aspekte sie beachten sollen (Geburtsjahr, Familienverhältnisse usw.). Mittelstarke Schüler könnten eine etwas komplexere Aufgabe erhalten, indem die Lehrkraft sie die wichtigsten biografischen Daten beschreiben oder zusammenfassen lässt. Für die starken Schüler würde dies bedeuten, die Thematik in einen größeren Zusammenhang zu stellen. Sie könnten z. B. den politischen Kontext o. Ä. erarbeiten (vgl. Scholz 2008, S. 14).

Der Komplexitätsgrad lässt sich auch auf der Basis der textexternalen Faktoren differenzieren, indem man schwächeren Kindern z. B. einen Text gibt, der sie interessiert, zu dem sie bereits über Vorwissen verfügen oder der aus der Lebenswelt der Kinder stammt (vgl. Hass 2008, S. 6). Dementsprechend würden stärkere Kinder neuere oder unbekannte Themen erarbeiten.

Um diese verschiedenen Schwierigkeitsniveaus für die Kinder kenntlich zu machen, bietet es sich an, die schweren Texte oder Aufgaben mit einem Schild, auf dem z. B. ein Elefant abgebildet ist, zu versehen. Der Elefant steht mit seinem Gewicht stellvertretend für „schwer". Die „mittelschweren" Aufgaben sind mit einem Hundeschild zu kennzeichnen. Das mittelschwere Gewicht eines Hundes spiegelt den Schweregrad der Aufgabe wieder. Ein Mäuseschild beschreibt den Schwierigkeitsgrad der „leichten" Aufgaben. Alternativ wäre auch die Bildverknüpfung Stern (professionell), Gewicht (mittelschwer) und Feder (leicht) denkbar.

Bei dieser Art der Differenzierung ist es meines Erachtens wichtig, dass sich die Schüler selbst an dem Material bedienen können – also sich selbst einschätzen. Zum einen verhindert dies, dass sich Schüler als leistungsschwach „abgestempelt" fühlen und zum anderen gibt es Unterrichtsinhalte, die ansonsten eher leistungsschwache Schüler besser begreifen, als Sie vielleicht gedacht hätten. Meist stellt sich die Zuordnung durch den Schüler als sehr passend heraus. Für den Fall, dass sich ein Schüler unter- oder überschätzt hat, sollte jederzeit die Möglichkeit bestehen, dass die Schüler ein anspruchsvolleres bzw. weniger anspruchsvolles Material wählen können (vgl. Scholz 2008, S. 12 f.). Dies setzt natürlich voraus, dass die Lerner in der Lage sind, sich selbst einzuschätzen und über ihre Leistungen und Lernprozesse reflektieren können (vgl. Bietz 2008, S. 38).

4.3 Karten der Weisheit

Des Weiteren kann die Differenzierung auch über **zusätzliche Hilfsmittel und Materialien** geschehen. Dazu können den Schülern z. B. Lexika, Glossare oder weitere Texte zur Verfügung gestellt werden (vgl. Scholz 2008, S. 13 f.).
Lassen Sie z. B. im Sachunterricht einen Versuch zu magnetischen und nicht-magnetischen Stoffen von den Kindern durchführen, können sich Schüler mittels der „Karten der Weisheit“ Hilfestellungen holen. Auf diesen Karten sind Hinweise oder gar Lösungsansätze vermerkt, die den Kindern bei der Lösung der Aufgabe oder beim Schreiben des Protokolls behilflich sind. Diese Karten sollten die Kinder jedoch erst dann zu Hilfe nehmen, wenn sie merken, dass sie nicht weiterkommen. Die „Karten der Weisheit“ sind nicht dazu da, um „faulen“ Schülern mit wenig Anstrengungsbereitschaft schneller zur Bewältigung einer Aufgabe zu verhelfen. Sie können sowohl von leistungsstarken als auch von leistungsschwachen Schülern genutzt werden und sollten demnach an einem zentralen Ort zur Verfügung (z. B. an der Tafel) stehen. Ist es kein Versuch, den Sie durchführen lassen, sondern ein Text, der gelesen werden soll und viele schwierige Wörter enthält, können die „Karten der Weisheit“ auch einfach in die „Wörter der Weisheit“ umbenannt werden.

4.4 Für einige ist weniger mehr

Das Unterrichtsmaterial kann im **Umfang** des Lernstoffes variieren. Die Schüler, die schneller mit ihren Aufgaben fertig sind, wollen meist keine anspruchsvolleren Aufgaben, sondern eher mehr Aufgaben bearbeiten. Wird dies von der Lehrperson nicht berücksichtigt, kann es bei schnelleren Schülern zu Langeweile und somit zu Unruhe und Unterrichtsstörungen führen. Die stärkeren Schüler sollten sich jedoch keinesfalls für ihre Schnelligkeit oder Begabung bestraft fühlen. Daher ist es von großer Bedeutung, sie mit zusätzlichen Aufgaben zu beschäftigen und zu motivieren (vgl. Scholz 2008, S. 13). Dazu gehören beispielsweise „Rätsel, Lernspiele, Knobelaufgaben [oder] interessante Zusatztexte […]“ (ebd.).
Der Unterschied zu den Rennfahreraufgaben besteht darin, dass es sich bei solchen um losgelöste Zusatzaufgaben handelt. Bei der Differenzierung nach Quantität unterscheiden sich die zu erledigenden Pflichtaufgaben in ihrem Volumen.
Diese Form der inneren Differenzierung birgt den Vorteil, dass die leistungsstärkeren Schüler durch mehr bzw. komplexere Aufgaben langsamer vorankommen und die leistungsschwächeren Schüler durch weniger Aufgaben zeitlich aufholen können. Die extrem unterschiedliche Bearbeitungszeit von starken und schwachen Schülern wird so ein wenig angeglichen.

4.5 Die tickende Uhr

Mit der Differenzierung nach Zusatzstoff (Rennfahreraufgaben) geht die Differenzierung nach **Lern- und Arbeitstempo** einher, da sich die Schüler durch die zusätzlichen Aufgaben länger mit einem Gegenstand beschäftigen können, diesen vertiefen und zeitlich gesehen nicht schneller vorankommen, als die leistungsschwachen Kinder.
Diese Art der Differenzierung lässt sich insbesondere in Übungsphasen einsetzen, in denen es auf die Wiederholungen oder Umwälzungen ankommt und nicht auf die Anzahl der Übungen. Legen Sie dazu einen zeitlichen Rahmen, beispielsweise durch eine rückwärtslaufende Uhr an der Tafel oder eine Eier- oder Sanduhr, fest. In dieser vorgegebenen

Zeit sollen die Schüler z. B. Lernwörter schreiben (die sie in einem Karteikasten sammeln) oder in ihrem Pultbuch lesen.
Das Üben der Lernwörter oder das Lesen individualisiert das Lernen insofern, als der Schüler sowohl die Menge der zu schreibenden Wörter oder zu lesenden Seiten als auch das Tempo selbst bestimmen kann. Es wird hier kein quantitatives Arbeitsziel gesetzt. Das bedeutet, dass nach Ablaufen der Zeit jeder in seinem Tempo und nach seinem Leistungsvermögen geübt oder gelesen hat. Einige Schüler haben 20 Wörter geschrieben oder zehn Seiten gelesen während andere acht Wörter geschrieben und zwei Seiten gelesen haben. Dennoch haben alle das Ziel erreicht: Alle Schüler haben Lernwörter geübt oder ein Lesetraining absolviert.

5 Belohnen, disziplinieren und rückmelden

Zum Teil übertragen Eltern der Schule viele Erziehungsaufgaben: Schüler kennen oft keine Tischmanieren, können keine Schnürsenkel binden, wenden Höflichkeitsfloskeln nicht an – um nur einige Defizite zu nennen. Das bedeutet, dass die Vermittlung dieser Fähigkeiten und Kenntnisse auch den Lehrern zuteil wird. Wo erzogen wird, muss allerdings auch belohnt, diszipliniert und rückgemeldet werden. Heterogene Schülergruppen fordern dies nahezu ein. Gute Taten oder Leistungen sollten positiv verstärkt und dementsprechend belohnt werden. Möglicherweise imponiert dies anderen Kindern und sie lassen sich davon mitreißen. Dem gegenüber steht das konsequente und sofortige Disziplinieren von unerwünschten Handlungen und störendem oder gar aggressivem Verhalten. Beidem liegt natürlich eine gesunde und gut ausgebildete Rückmeldekultur zugrunde, die sowohl vom Lehrer als auch von den Schülern verinnerlicht und deshalb gut trainiert werden muss, um ein fundiertes und somit hilfreiches Feedback geben zu können.

5.1 Belobigungssysteme

Lob ist etwas, das die Menschen stark macht und ihnen Selbstvertrauen gibt. Meines Erachtens wird damit oft viel zu sparsam umgegangen, obwohl außer ein paar Worten oder einer minimalen Handlung nicht viel dazu gehört. Durch die positive Verstärkung und Betonung guten Verhaltens wird dieses gewürdigt und geschätzt. Darüber hinaus sollten Belobigungssysteme ausschließlich das Verhalten und die Hilfsbereitschaft eines Schülers bewerten – nicht aber die Leistung.

Es sollte selbstverständlich sein, dass es in jeder Klasse eine Art von Belobigung gibt. Dabei ist unter Belobigungssystemen für einzelne Schüler und für die gesamte Klasse zu unterscheiden. Achten Sie darauf, dass Sie sich für ein System entscheiden und damit konsequent und regelmäßig verfahren. Sowohl Sie als auch die Kinder kommen sonst vollkommen durcheinander. Natürlich können die Belobigungssysteme ab und zu wechseln, sollten nur nicht parallel angewendet werden. Beziehen Sie alle unterrichtenden Lehrkräfte in das Belobigungssystem ein.

Die **Sternenliste** ist beispielsweise eine Art der Belobigung. Dazu hängt eine Liste mit den Namen der Kinder aus. Dahinter befinden sich fünf Spalten mit den Wochentagen von Montag bis Freitag. Die Kinder bekommen für jeden Tag drei Sterne „geschenkt". Am Montag jeder Woche starten also alle Schüler mit 15 Sternen in die Woche. Nun können die Schüler für gutes Verhalten oder besondere Taten täglich Sterne dazugewinnen, aber für schlechtes auch verlieren. Um Gewinn oder Verlust kenntlich zu machen, werden die Sterne entweder dazugemalt oder weggestrichen. Am Ende jeder Woche werden die Sterne von allen Kindern zusammengezählt. Der Schüler mit den meisten Sternen ist Sternenkönig und erhält eine Urkunde. Alle vier Wochen kann der Sternenkönig des Monats mit einer kleinen Plastikmedaille gekürt werden, um dem Ganzen besondere Anerkennung zu verleihen.

Sternenliste, Urkunde Sternenkönig

KV 23

KV 24

Sternenliste KV 23

STERNENLISTE der ________

NAME	MO	DI	MI	DO	FR	SUMME	PLATZ
	☆☆☆	☆☆☆	☆☆☆	☆☆☆	☆☆☆		
	☆☆☆	☆☆☆	☆☆☆	☆☆☆	☆☆☆		
	☆☆☆	☆☆☆	☆☆☆	☆☆☆	☆☆☆		
	☆☆☆	☆☆☆	☆☆☆	☆☆☆	☆☆☆		
	☆☆☆	☆☆☆	☆☆☆	☆☆☆	☆☆☆		
	☆☆☆	☆☆☆	☆☆☆	☆☆☆	☆☆☆		
	☆☆☆	☆☆☆	☆☆☆	☆☆☆	☆☆☆		
	☆☆☆	☆☆☆	☆☆☆	☆☆☆	☆☆☆		

Auch ein **Beobachtungsbogen** für einzelne Schüler kann eine Belobigung sein. Dazu wird täglich für jede Stunde ein Smiley (☺, 😐 oder ☹) in einer Liste vermerkt, der das Arbeits- und Sozialverhalten eines Schülers widerspiegelt. Sammelt ein Schüler viele lachende Smileys, kann er sich an dem gelobten Verhalten in Zukunft orientieren und es zum Vorbild nehmen. Die Bögen werden jede Woche neu vom Klassen- und Fachlehrer ausgefüllt und in einem Hefter gesammelt. Freitags bekommt der jeweilige Schüler diesen Hefter mit nach Hause, um die Erziehungsberechtigten die Beobachtungsbögen sichten und unterschreiben zu lassen.

Beobachtungsbogen

KV 25

Beobachtungsbogen KV 25

für:

Klasse:

Woche: vom ________ bis ________

Stunde	Montag	Dienstag	Mittwoch	Donnerstag	Freitag
0					
1					
2					
Pause					
3					

Des Weiteren ist die **Punkteschlange** als Belobigungssystem zu nennen. Dazu wird ein Kärtchen mit der Punkteschlange auf den Tisch des jeweiligen Schülers geklebt. Zuvor sollten mit dem Schüler drei Verhaltensweisen vereinbart werden, die es gilt, im Unterricht oder in den Pausenzeiten einzuhalten (z. B.: Ich lege mein Material bereit./Ich bleibe auf meinem Stuhl sitzen./Ich melde mich mindestens zwei Mal.). Schafft der Schüler es, alle oder eines dieser Ziele in einer Stunde zu erreichen, darf er am Ende der Stunde einen Punkt der Punkteschlange ausmalen. Dazu legen Sie dem Schüler einen Muggelstein auf den auszumalenden Punkt. Ziel ist es, alle Punkte der Schlange auszumalen. Wie oft oder wie lange Sie die Punkteschlange bei einem Schüler einsetzen, hängt ganz davon ab, ob die gesteckten Ziele erreicht wurden oder ob der Schüler die Punkteschlange als Erinnerung daran fortführen möchte. Ist Letzteres der Fall kann durchaus eine zweite und dritte Punkteschlange ausgehändigt werden.

Punkteschlange

KV 26

Punkteschlange — KV 26

Mein Punktekonto

Regel	Montag	Dienstag	Mittwoch	Donnerstag	Freitag

Sowohl der Beobachtungsbogen als auch die Punkteschlange sollten nicht mit allen Schülern der Klasse gleichzeitig durchgeführt werden. Das wäre zu viel Aufwand und zu verwirrend für Sie. Beschränken Sie sich auf einige wenige Schüler, die Schwierigkeiten im Verhalten und in Bezug auf Disziplin zeigen.

Während die zuletzt beschriebenen Methoden einzelne Schüler belobigen, kann mit den **Klassensternen** die ganze Klasse gelobt werden. Dazu sind lediglich ein DIN-A4-Blatt mit den Umrissen von 20 bis 30 Sternen, goldene Klebesterne und ca. zehn Ereigniskarten notwendig. Verhalten sich die Schüler auf einem Ausflug besonders gut oder arbeiten die Kinder vorbildlich, können sie Klassensterne sammeln. Dies wird durch das Aufkleben eines goldenen Sternes in einen Umriss festgehalten. Ist die Liste voll, haben sich die Schüler eine Belohnung verdient. In diesem Fall zieht ein Kind der Klasse ein Ereigniskärtchen (z. B. Eis für alle, einen Film gucken, zehn Minuten länger Pause, diktatfreie Woche) aus einem Stapel. Dieses Ereignis sollte dann natürlich auch umgesetzt werden.

Liste: Klassensterne

KV 27

Liste: Klassensterne — KV 27

Ähnlich funktioniert das Belobigungssystem der **Muggelvase.** Dafür sind eine Vase oder ein Glas und Muggelsteine vonnöten. Ziel ist es, durch angemessenes Verhalten die Vase mit Muggelsteinen zu füllen. Stimmen Sie sich zu Beginn mit den Schülern über eine Belohnung ab (wie z. B. eine Stunde mehr Sport, hausaufgabenfreier Tag, Süßes für alle). Alternativ kann die Muggelvase auch ein gutes System für die Belobigung einzelner Schülergruppen darstellen. Sollten Sie beispielsweise Gruppentische haben, kann jeder Gruppentisch solch eine Vase oder ein Glas haben, die oder das es zu füllen gilt.

Für die Methode **„Das wachsende Herz"** benötigt man so gut wie kein Material. Zeichnen Sie mit Kreide ein Herz an die Tafel. Aufgabe ist es, dieses Herz zu umrunden und wachsen zu lassen. Dazu malen Sie das Herz mit Kreide nach, sodass es durch die „herzförmigen Ringe" immer größer wird. Das Herz kann bei erwünschtem Verhalten, stillem

Arbeiten oder guten Taten erweitert werden. Wie oft das Herz umrundet werden soll, bis die Schüler eine Belohnung bekommen, sollten Sie im Vorhinein festlegen – genauso wie die Art der Belohnung.

Ein weiteres Belobigungssystem, vor allem für das vorbildliche Arbeitsverhalten einzelner Schüler, ist die Ausgabe von **Smileys.** Halten Sie dafür einen Schwung laminierter fröhlicher Smileys in der Klasse bereit. Ich lege diese den Schülern bei einwandfreiem Arbeiten auf den Tisch, sodass andere Schüler es mitbekommen und sich in der Regel automatisch an dem gelobten Arbeitsverhalten orientieren. Auch die Ausgabe von **Lobkärtchen** (im Internet zu finden) oder die Verwendung von **Lobstempeln** auf Stempelkarten oder im Hausaufgabenheft sind für gute Handlungen einzelner Schüler oder ein hervorragendes Arbeits- und Sozialverhalten denkbar. Alle drei Methoden benötigen keine zusätzliche Belohnung – hier ist die Karte oder der Stempel schon Belohnung genug.

5.2 Erziehungs- und Disziplinierungsmaßnahmen

Jeder Lehrer würde sicherlich gern ohne Disziplinierungsmaßnahmen auskommen. Leider ist dies meistens nicht umsetzbar. Kinder brauchen Grenzen und müssen lernen, mit den Auswirkungen zurechtzukommen, wenn diese überschritten werden. Auch hier sind Standhaftigkeit und Klarheit wichtig. Die Schüler sollten über die Disziplinierungsmaßnahmen und die etwaigen Konsequenzen ganz genau Bescheid wissen. Gerade zu Anfang sollten Sie sehr streng im Hinblick auf die Disziplin Ihrer Schüler sein. Dies zahlt sich am Ende aus und Disziplinstörungen minimieren sich. Für alle Disziplinierungsmaßnahmen gilt gleichermaßen, dass es immer zwei Verwarnstufen geben sollte, bevor es zu einer Konsequenz kommt. Damit weisen Sie die störenden Schüler zwei Mal auf ihr Verhalten hin und geben ihnen die Möglichkeit, dieses zu ändern.
Im Folgenden sollen drei Disziplinierungsmaßnahmen vorgestellt werden, die in der Praxis gut funktionieren.
Der **Zeiträuber** ist insbesondere dann einsetzbar, wenn die Schüler Ihnen durch Störungen oder lange Aufräumzeiten Zeit stehlen. Dazu brauchen Sie eine selbstgebastelte Uhr, die in Fünf-Minuten-Schritte eingeteilt ist und insgesamt einen Zeitraum von 45 Minuten zeigt. In diesem Fall wird die entsprechend gestohlene Zeit an der Uhr durch den Zeiger gekennzeichnet. Haben Ihnen die Schüler über einen längeren Zeitraum insgesamt 45 Minuten gestohlen, fällt z. B. eine Stunde Sport oder Kunst weg und Deutsch oder Mathe wird dafür nachgeholt. Auf der Website www.zaubereinmaleins.de finden Sie auch entsprechende Kärtchen.
Eine weitere Disziplinierungsmaßnahme ist **„Kreuze an der Tafel"**. Dieses Vorgehen ist vor allem in Freiarbeitsphasen, Gruppen- oder Partnerarbeitsphasen bzw. bei spielerischen Methoden denkbar – also immer dann, wenn die Methode Lautstärkepotenzial birgt. Malen Sie drei Kreuze an die Tafel und teilen Sie den Kindern mit, dass Sie diese nach und nach abwischen sobald es zu laut, unkoordiniert oder undiszipliniert wird. Sind alle drei Kreuze verbraucht, ist die Arbeitsphase als solche oder das Spiel beendet und der Lernstoff wird auf andere, meist langweiligere Art durchgenommen.
Die **Ampel** hingegen ist eine Disziplinierungsmaßnahme, die einzelne Schüler auf unerwünschtes Verhalten aufmerksam macht. Eine aus Pappe gebastelte und an der Tafel aufgehängte Ampel (grün, gelb, rot) und eine für jeden Schüler beschriftete Wäscheklammer reichen hier schon aus. Die Wäscheklammern werden am Stamm der Ampel befestigt. Das grüne und das gelbe Licht stehen für die beiden Verwarnstufen – hier passiert erst einmal nichts, bevor mit dem roten Licht eine Konsequenz folgt. Die Wäscheklammer des störenden Schülers wandert vom Stamm auf Grün und dann auf Gelb. Lan-

det ein Schüler auf Rot, folgt ein Elternbrief (diese können schon kopiert in der Klasse liegen, so dass Sie nur noch den Namen einsetzen müssen), der unterschrieben zurückgegeben werden muss. Die Eltern sollten darauf hingewiesen werden, dass dieser Elternbrief drei Ermahnungen entspricht. Hat ein Schüler bereits an einem Tag einen Elternbrief erhalten, startet dieser den zweiten Durchgang an der Ampel mit schräg angeklammerter Wäscheklammer. Wieder bei Rot angekommen, bedeutet das einen zweiten Elternbrief. Sammelt ein Schüler mehr als drei Elternbriefe pro Woche, findet ein Gespräch mit den Eltern statt.
Ist diese Maßnahme vollständig eingeführt und ritualisiert, reicht es manchmal schon aus, wenn Sie sich nur in die Nähe der Ampel begeben, um die Schüler auf ihr unerwünschtes Verhalten aufmerksam zu machen.
Die Ampel lässt sich auch durch die Symbole Sonne (= Stamm), Sonne-Wolken-Mix (= Grün), Wolken (= Gelb) und Gewitter (= Rot) ersetzen.

5.3 Feedbackkultur angemessen ausbilden

Konstruktives Feedback zu geben, ist für viele Kinder nicht leicht. Immer wieder lässt sich beobachten, dass Gesagtes wiederholt wird und nichts Neues mehr hinzukommt. Dies lässt sich jedoch üben und mit einigen Hilfestellungen auch für Kinder bewältigen.
Wie zuvor bereits erwähnt, ist die **Klagemauer** eine Art der Rückmeldung zwischen den Schülern (siehe „Klassenrat & Co", S. 71). Die Klagemauer (Pinnwand oder Magnetwand) steht allen Schülern zur Verfügung. Hier können Beschwerden aller Art auf Zettel aufgeschrieben und veröffentlicht werden. Achten Sie darauf, dass es sich um konstruktive Kritik handelt und nicht um persönliche Verletzungen. Die Beschwerden werden dann im Klassenrat diskutiert.
Handelt es sich um individuelle Rückmeldungen, die andere Schüler oder die Lehrkraft nicht unbedingt mitbekommen sollen, bietet sich der **persönliche Briefkasten** (siehe „Entlaster", S. 18) des entsprechenden Kindes an. Hier können sich die Schüler gegenseitig kleine Briefchen als Rückmeldungen schreiben. Auch Sie als Lehrkraft können diese Art der Kommunikation natürlich mit einzelnen Schülern nutzen.
Auch die **Klassenpost** (Klassenbriefkasten) kann als Rückmeldemethode fungieren. Sowohl die Lehrkräfte können über einen Brief die ganze Klasse loben oder kritisieren als auch die Schüler. Auch dieser kann in der Klassenratsstunde geöffnet werden.
Ebenso kann die bereits erwähnte **Gute-Taten-Leine** (S. 30) zur Rückmeldung dienen, die ausschließlich auf der Betonung positiven und erwünschten Verhaltens basiert. Hier werden Lob und Anerkennung für gute Taten oder vorbildliches Verhalten veröffentlicht. Der Fokus liegt auf der positiven Verstärkung. Negatives wird ausgeklammert.

Während die ersten vier Feedbackmethoden eher auf das Arbeits- und Sozialverhalten ausgelegt sind, folgen nun inhaltliche und methodische Rückmeldeformen:
Die **Drei-Finger-Einschätzung** ist in vielerlei Hinsicht einsetzbar. Die Kinder benötigen dazu lediglich drei Finger. Die einzelnen Finger haben dabei folgende Bedeutung:

- ein Finger: nein/verbesserungswürdig
- zwei Finger: mittelmäßig/in Ordnung
- drei Finger: ja/gut

Sie können z. B. inhaltliche Aussagen oder Aussagen zum Arbeitsverhalten (Ich kann mindestens vier Planeten nennen./Ich konnte mich gut konzentrieren usw.) treffen und die Kinder antworten mittels ihrer Finger. Alternativ zu den drei Fingern können Sie auch den Daumen in drei verschiedene Richtungen ausrichten lassen: nach oben (= drei Finger), zur Seite (= zwei Finger) oder nach unten (= ein Finger).

Die **Rot-Grün-Rückmeldung** erfolgt auf ähnliche Art und Weise. Teilen Sie den Kindern einmalig eine rote und eine grüne Karte aus, die sie dann in der Federtasche aufbewahren. Ein roter und grüner Stift wären eine weitere Option. Auch hier werfen Sie Fragen oder Aussagen in die Runde und lassen sich mithilfe der roten und grünen Karte oder des roten und grünen Stifts Feedback geben. Grün bedeutet Ja oder „Kann ich." und Rot Nein oder „Kann ich nicht.".
Eine weitere denkbare Feedbackmethode ist **„Mülleimer, Waschmaschine, Koffer"**. Diese Methode ist vor allem dann gewinnbringend einsetzbar, wenn eine längere Arbeitsphase, eine Unterrichtsreihe oder ein Vortrag bewertet werden soll. Sie benötigen hierfür drei DIN-A4-Umschläge, auf denen ein Mülleimer, eine Waschmaschine und ein Koffer abgebildet sind und ausreichend kleine Zettel. Die Abbildungen bedeuten Folgendes:

- Mülleimer: Das werfen wir weg, das brauchen wir nicht.
- Waschmaschine: Das müsste noch einmal gewaschen werden.
- Koffer: Das nehmen wir mit.

Die Schüler geben nun zum geforderten Sachverhalt ihre Meinung ab, indem sie ihre Rückmeldungen auf Zettelchen schreiben und in die drei Umschläge einsortieren. Die Rückmeldungen erfolgen anonym.
Außerdem ist die **Zielscheibe** eine beliebte Feedbackmethode, die z. B. zum Rückmelden nach Referaten gut funktioniert. Malen Sie eine Zielscheibe auf eine Pappe oder an die Tafel und teilen Sie sie in ca. acht gleichgroße Teile ein. Jedes Teil steht für ein Bewertungskriterium: Verständlichkeit, Lautstärke, Plakat usw. Die Schüler kleben nun acht Klebepunkte oder malen acht Kreidepunkte in die Zielscheibe. Nah an der Mitte heißt „sehr gut" und je weiter zum Rand bedeutet „verbesserungswürdig". Am Ende entsteht ein umfassendes Feedback zu verschiedenen vorher festgelegten Bewertungskriterien.
Die Zielscheibe lässt sich auch durch eine **Feedbackblume** mit acht Blütenblättern ersetzen. Die Blume ist schnell aus Pappe gebastelt und kann beispielsweise auf dem Teppich ausliegen. Jedes Blütenblatt steht für ein Bewertungskriterium. Anstelle von Klebepunkten legen die Schüler Muggelsteine auf die Blütenblätter. Je näher diese am Stempel der Blume liegen, desto besser die Bewertung.
Außerdem lassen sich **Rückmeldekarten** gut einsetzen. Meist bietet es sich an, dass dieses Feedback in kleinen Gruppen stattfindet. Lesen sich die Schüler z. B. gegenseitig ihre Wochenendgeschichten vor, bekommt jeder Schüler eine Rückmeldekarte, sprich ein Kriterium (z. B. Passt die Überschrift?), auf das er achten muss. Nach dem Vorlesen geben die einzelnen Schüler reihum eine Rückmeldung bezogen auf ihr Kriterium. Auf diese Weise erhält der Vorleser ein umfassendes Feedback für seine Geschichte und die schwierige Aufgabe des Rückmeldens ist auf das Niveau der Kinder heruntergebrochen. Die Rückmeldekarten können relativ problemlos jeweils für Referate, Buchvorstellungen, Gedichtvorträge oder Vorleseaufgaben umfunktioniert, aufbewahrt und wieder verwendet werden.

Rückmeldekarten

Rückmeldekarten **KV 28**

KV 28

Passt die Überschrift?	Sind die Satzanfänge abwechslungsreich?

6 Literaturverzeichnis

BIETZ, CARMEN: Differenzierung im Alltag. Eine förderliche Lernatmosphäre schaffen, an differenzierten Arbeiten arbeiten. In: Der fremdsprachliche Unterricht. Englisch. Seelze (Stuttgart): Friedrich Verlag. 42 (2008) 94, S. 36–39.

BOCHMANN, REINHARD / KIRCHMANN, RUTH: Kooperatives Lernen in der Grundschule. Zusammen arbeiten – Aktive Kinder lernen mehr. Essen: NDS Verlag. 2006.

BOLLER, SEBASTIAN / ROSOWSKI, ELKE / STROOT, THEA (Hrsg.): Heterogenität in Schule und Unterricht. Handlungsansätze zum pädagogischen Umgang mit Vielfalt. Weinheim / Basel: Beltz Verlag. 2007.

BÖNSCH, MANFRED: Differenzierung in Schule und Unterricht. Ansprüche, Formen, Strategien. München: Ehrenwirth Verlag. 2004.

GEW LANDESVERBAND BERLIN (Hrsg.): Schulrecht für das Referendariat. Berlin: GEW. 2011.

VERORDNUNG ÜBER DEN BILDUNGSGANG DER GRUNDSCHULE (Grundschulverordnung GsVO), 9. September 2010. http://www.berlin.de/imperia/md/content/sen-bildung/rechtsvorschriften/grundschulverordnung.pdf

HASS, FRANK: Keiner wie der andere. Im differenzierenden Unterricht Lernprozesse individualisieren. In: Der fremdsprachliche Unterricht. Englisch. Seelze (Stuttgart): Friedrich Verlag. 42 (2008) 94, S. 2–9.

HOFFMANN, UDO (red. verantw.): Lernstandsanalysen und Vergleichsarbeiten [o. J.]. http://bildungsserver.berlin-brandenburg.de/lernstandsanalysen_vergleichsarb.html

KASTEN, ERICH: Entwicklungspsychologie [o. J.]. http://www.erich-kasten.de/lehre/

MATTES, WOLFGANG: Methoden für den Unterricht. Paderborn: Schöningh Verlag. 2002.

MEISTER, HANS: Differenzierung von A-Z. Eine praktische Anleitung für die Sekundarstufen. Stuttgart: Klett Verlag. 2007.

OERTER, ROLF / MONTADA, LEO (Hrsg.): Entwicklungspsychologie. Weinheim: Beltz PSU. 1998.

PARADIES, LIANE / LINSER, HANS JÜRGEN: Differenzieren im Unterricht. Berlin: Cornelsen Scriptor Verlag. 2001.

PREUSS, ECKHARDT: Leistungserziehung, Leistungsbeurteilung und innere Differenzierung in der Grundschule. Bausteine moderner Grundschularbeit. Anregungen und Hilfen. Bad Heilbrunn: Verlag Julius Klinkhardt. 1994.

SANDER, ELISABETH: Entwicklungspsychologie des Schulkindalters. (29. Juli 2004) Zusammenfassung und Übungsaufgaben. http://www.uni-koblenz.de/~psy/sander/stuff/schulkindalter.pdf

SENATSVERWALTUNG FÜR BILDUNG, JUGEND UND WISSENSCHAFT BERLIN: Rhythmisierung in der verlässlichen Halbtagsgrundschule und in der offenen Ganztagsgrundschule. http://www.berlin.de/sen/bildung/berlin_macht_ganztags_schule/rhythmisierung.html

SCHOLZ, INGVELDE (Hrsg.): Der Spagat zwischen Fördern und Fordern. Unterrichten in heterogenen Klassen. Göttingen: Vandenhoeck & Ruprecht. 2008.

WEINERT, FRANZ E. (Hrsg.): Leistungsmessungen in Schulen. Weinheim und Basel: Beltz. 2001.

7 Übersicht der Kopiervorlagen

1 Materialliste
2 Übergabeprotokoll
3 Fehlendes Material: Checkliste
4 Finde jemanden, der …
5 Elternabend: Einladung
6 Elternabend: Checkliste
7 Elternabend: Ablaufplan
8 Elterngespräch: Einladung
9 Elterngespräch: Checkliste
10 Elterngespräch: Ablaufplan
11 Elterngespräch: Protokoll
12 Ausflug: Checkliste
13 Ausflug: Ablaufplan
14 Klassenfahrt: Einverständniserklärung
15 Klassenfahrt: Ankündigungsschreiben
16 Klassenfahrt: Erklärung
17 Klassenfahrt: Zeitplan
18 Klassenfahrt: Ausstattungsliste
19 Klassenfahrt: Vertrag
20 Lesenacht: Checkliste
21 Lesenacht: Ablaufplan
22 Leseuhr
23 Sternenliste
24 Urkunde Sternenkönig
25 Beobachtungsbogen
26 Punkteschlange
27 Liste: Klassensterne
28 Rückmeldekarten

8 Register